OHSAMA BUNKO

「起こること」にはすべて意味がある

ジェームズ・アレン[著]
「引き寄せの法則」研究会[訳]

三笠書房

Light on Life's Difficulties

by James Allen

LIGHT ON LIFE'S DIFFICULTIES

はじめに 本書が、数々の成功者の人生を導いた！

人は暗い部屋に入ると、思うように行動できなくなります。まわりのものが見えないので、気づかずぶつかってけがをしてしまうこともあります。

しかし、そこに光を投げかければ、すべての混乱は一瞬にして消えさり、あらゆるものが明らかになり、もはやけがをする危険はなくなります。

多くの人にとって人生とは、こうした暗い部屋のようなもの。

失望や困惑、悲しみや苦しみといった「けが」の多くは、人生を支配する法則を知らないがために引きおこされているのですが、無知の暗闇を知恵の光で照らせば、混乱は消えさり、問題は解決し、あらゆるものがはっきりと見えてきます。

そう、人生を正しく理解することで、明るい光のもとで安全に生きていくことができるのです。

ジェームズ・アレン

もくじ

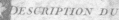

1

運も幸せも——何が起こるかはわかっている

LIGHT ON LIFE'S DIFFICULTIES

すべては「あなたの力」で変えていける！

この本は、力強く、穏やかで、充実した人生を手に入れたいと望んでいる人びとのために書きました。

そんな人びとにとって、本書が希望とインスピレーションを与える、やさしく頼りがいのある人生のガイドになると信じています。

なりたい自分へと変わり、だれもが心から憧れるような、すばらしい人生へと導かれる手助けをしてくれることでしょう。

人生というのは、わたしたちの思いと行動からつくられています。幸福も不幸も、強さも弱さも、罪深さも気高さも、愚かさもかしこさも、すべては自分の心のあり方によって決まります。もし不幸だと感じるならそれは、自分自身の心のあり方に原因があります。

心は外部の出来事に反応して不幸だと感じますが、そう感じる原因は外部の出来事にあるのではなく、自分自身のなかにあるのです。

もし意志が弱ければ、それは自分が選択している思いや行動による結果です。あるいは、罪悪感にまみれた人間であるというならば、自分が罪深い行ないを続けている結果であり、もし愚かでどうしようもないと思うなら、愚かな行ないを続けている結果にほかなりません。

人格も魂も人生もすべて、自分の思いと行動からつくられています。どんな思いを抱き、どんな行ないをするかで、どんな人間でいるかが決まります。

つまり、思いと行動を変えれば人は変わる、生まれ持った意志の力で、人は自分の人格を変えることができるということでしょう。

家具職人がただの角材を美しい家具へと変えるように、不道徳で罪深い人も、かしこくて誠実な人へと変わることができるのです。

人はみな、自分の思いや行動、心のあり方、人生に責任があります。人を悪の道や不幸へと追いやるのは、権力でも出来事でも環境でもありません。あくまで自分自身なのです。

人は自分の意志で考え、行動します。

いかなる存在も、たとえそれがかしこく偉大なものであっても――神でさえも――、人を善や幸福へと導くことはできません。

自分で正しい道を選択し、幸福を見つけだすほかはないのです。

善と真理を心から求め、その喜びと平和を味わおうと望めば、真の幸福を手に入れることができるでしょう。

「天国の門」はつねに開く

天国の門はつねに開かれ、だれであっても、みずからの意志とパワーによって入ることができます。

しかし、地獄の誘惑に心を奪われ、罪と悲しみに身を任せているかぎりは、そこに入ることはできません。

多くの人びとが、罪深く苦しみに満ちた人生を送っています。

しかし、もっと自由で気高く、汚れのない人生――罪悪や邪悪さをはねのけ、賢明で幸福でやさしく、穏やかで高潔で平和な人生というものも存在するのです。

このような人生はいつでも手に入れることができます。こうした人生を送っている人は状況の変化に動じることなく、不安のさなかにあっても落ちつきを失わず、争いに巻きこまれても心の平安を保っています。

死に直面するときでさえ、取りみだすことはありません。

他人から中傷されても少しも恨むことなく、その心はあわれみと喜びに満ちています。

かぎりなく美しい生き方においては、いかなる邪悪さも罪悪も、悲しみも入りこむ余地はありません。生きるつらさに心を痛めることも、涙を流すこともなくなります。

かくもすばらしい人生は、低次元な環境に甘んじている人びとには手に入れることはできません。

こうした人生を心から望んで実現したいと願う人びとや、貪欲なまでに正しい生き方を熱望する人びとだけが手にすることができるのです。

それはつねに手の届くところにあり、すべての人びとに等しく与えられている権利だといえるでしょう。

その価値を認めて受けいれた人だけが真理に到達し、このうえない平和と幸福を手にすることができます。

2

「思いこみ」にとらわれないためのルール

LIGHT ON LIFE'S DIFFICULTIES

「だれかが考えたこと」をうのみにしない

思想や表現の自由が世の中に行きわたると、いたるところで論争が巻きおこります。

しかし、論争が混迷すればするほど、人生に関する単純な事実がはっきりと見えてくるようになり、その不変性と調和が人を引きつけ、その単純さと真実性が人の心を強くとらえるのです。

現代は自由と心の葛藤の時代だといえます。

宗派がこれほど多く存在した時代はこれまでにありません。哲学や神秘学の流派も無数にあり、それぞれが自説を優位に立たせようとやっきになっています。

人類はいま、精神的な騒乱状態にあるといえるでしょう。

多くの矛盾した説がひしめき、混乱を極めるなか、心から真実を追究している人は、**相反するどの説に頼ったところで意味がない**ことに気づいています。

だから、かれらは自分自身や自分の人生という、疑いの余地のない事実に目を向けます。

「あるがまま」に世界を見る目

論争されるのは仮説であり、事実ではありません。

事実とは、不変で究極的なものです。

一方、仮説とは移ろいやすく、やがては消えさっていくものです。

人類の現在の発達段階では、人はまだ事実が持つ美しい単純さや、事実に内在する満ちたりたパワーを理解することができていません。

事実本来の美しさに気づかず、そこに何かをつけ加えなければ理解できないのです。だから、「事実」という言葉を口にしようものなら必ず、「どうしてそれが事実だといえるんだ?」という質問が投げかけられるのです。

その質問のあとには仮説が述べられ、それがまた別の仮説を生むというように、事実が相対する仮説の群れにまぎれて見えなくなるまで、それは延々と続きます。

このようにして、さまざまな宗派や学派が生まれるのです。

ある事実の存在にはっきりと気づけば、そのほかの事実もおのずと見えてきます。しかし仮説は、事実を解明するように見えて、実際には、事実を覆《おお》いかくしてしまいます。

派手で、魅力的な仮説をもてあそんでいるうちは、事実の荘厳さに気づくことはできません。

事実とは、たんなる説ではありません。いかなる説も事実を誇張したり、飾りたてたりすることはできないのです。

事実と仮説はまったくの別物であり、詭弁《きべん》を弄《ろう》する利口な人間でさえ、事実にいささかも変更を加えたり、物事のあるがままの本質に影響をおよぼしたりすることはできません。

だから、**真のスピリチュアル・マスターというものは、いたずらに仮説をもてあそぶようなことはせずに、人生に関する単純な事実だけを論じる**のです。

真のマスターは、人びとの注意をこうした事実にだけ向けさせます。もはや顧みられることのない領域に別の仮定をこじつけて人びとを迷わせ、混乱を増大させたり、論争をあおったりすることはありません。

人生の事実はつねにわたしたちの目の前にあり、エゴやエゴによって生みだされた思慮に欠けた妄想を捨てれば、それを理解することができるようになります。

知恵は、自分自身のなかにある――それに気づくことが、立派な知識の殿堂を築くしっかりとした基礎となるのです。

真の知識は、人をあらゆる束縛から解放し、このうえない幸福へと導いてくれるでしょう。

だれもが「自分が考えているような人間」になる

人は、自分が思ったままの人間になります。

この事実を理解するだけでも、最高の知恵を手に入れ、完全な存在へと成長するための、貴重なきっかけになるでしょう。

人が賢明になれない理由の一つは、〝心〟と〝自分自身〟が別物であると思いこんでいるから。だから、自分の真の姿が見えないのです。

「心と自分とは一つではない」という仮説が、心の目を覆いかくすのです。

そのため、人は自分自身が見えず、自分の心を理解することもできず、自覚的な人生を送るのに不可欠な、「思いによって人がつくられる」という事実にも気づかないのです。

人生とは現実です。わたしたちの思いも現実です。したがって、一人ひとりの人生もまた現実なのです。

現実的な事柄を究明していけば、知恵を身につけることができるのですが、心や思いが自分自身とはまったく別物だと考えている人は、不確かで非現実的なことばかり考えています。

現実的ではない事柄を探究するのは、愚かな行為でしかありません。

人は心と一つ。人生は、その人の思いからつくられます。

心と思いと人生は、光と輝きとその色彩のように、切りはなすことのできないもの。

そして、光と輝きと色彩を、それ以上解きあかす必要がないように、心と思いと人生もまた、それ以上解きあかす必要のないものです。

事実とは自己充足的なものであり、それ自身のなかに、みずからに関するすべての知識を含んでいるのです。

ここが変化の分かれ目

心と一つである人間は、つねに変化していきます。人は不完全な存在であり、進歩の可能性を秘めています。

進化の法則によって人はいまの姿になり、さらに、未来の姿へと向かって進化し続けています。

思いの一つひとつが存在をつくり上げ、経験の一つひとつが人格に影響をおよぼし、努力の一つひとつが考え方を変化させていきます。

この変化の法則によって人間は堕落することもあれば、正しい思いを持つことによってパワーと救いを手にすることもできるのです。

生きるということは、思い、行動すること。

思い、行動するということは、変化することです。

思いによって人がつくられるという事実に気づかないうちは、そのときによって、いいほうへ変わったり、悪いほうへ変わったりしますが、思いによって人がつくられるという事実を本当に理解すれば、いいほうへと変わることだけに効率的に努力を集中させることができるようになります。

人は、自分の思いが積みかさなったものです。これは、だれについてもいえることで、思いを足したり引いたりした結果が、その人の変化になります。

その答えは、一定不変の法則によって正確に導きだされます。

人は心そのものであり、心は思いによって成りたち、思いは変化するものだとするならば、**思いを変えることで、人は変われる**ということでしょう。

どんな宗教家も気づいていない真理

いかなる宗教も、人の心や思いを、より清らかで気高い方向へと導くことを目的としています。それが多少なりとも成功したものが「救済」と呼ばれるものです。

つまり、別の思いや心のあり方に置きかえることによって、人をある種の思いや心のあり方から解放することなのです。

今日《こんにち》の宗教家たちは、この事実を理解していません。かれらは「救済」がなんであるかも知らずに、人びとを「救済」しようとします。

しかし他方、さまざまな宗教を創始した偉大なマスターたちは、「救済」の事実を思想の土台としていますが、かれらが強調し、くり返し説いているのは、「清らかな心」と「正しい思い」と「よい行ない」の三つです。

この三つ以外に人間を、より力強く善良で、このうえない喜びに満ちた領域へと高めてくれるものなどあるでしょうか。

向上心、瞑想、献身――これらはいつの時代にも、より気高い思い、より豊かな心の平和、より深い知識の高みへと上るために使われてきた、おもな手段です。

なぜなら「人は、心で思ったままの人間になる」からです。

それまでの考え方をあらため、新しい思いを胸に抱き、新しい人間に生まれかわることで、人は愚かさや苦しみから解放されるのです。

もし人が最大限の努力をして、キリストと同じ考え方ができるようになったとすれば――たんなる模倣ではなく、自己の内なるパワーに気づくことによって――、その人は、まさしくキリストに等しい人間になったということでしょう。

成功はむずかしいことではない

仏教の説話に、ある男の話があります。それほどの信心も知恵もないこの男は、釈迦にこうたずねました。

「どうしたら、最高の知恵と悟りを得られるのでしょうか」

釈迦は答えました。

「それは、あらゆる欲望を絶つことです」

男はすべての欲望を手放し、まもなく最高の知恵と悟りに到達しました。

釈迦の言葉にこうあります。

「賢者が気にかける唯一の奇跡は、罪人が聖者になることである」

思想家のラルフ・ウォルド・エマソンはまた、思いが人を変える力について、こう述べています。

「偉大になることは卑小になることと同じで、それほどむずかしいことではない」

これは、たびたび耳にするものの、ほとんど理解されていない深遠な聖書の言葉、「だから、あなたがたの天の父が完全であられるように、あなたがたも完全な者となりなさい」にとてもよく似ています。

では、結局のところ、りっぱな人間とつまらない人間の根本的な違いとは何でしょうか。それは、思いと心のあり方です。

もちろん、知識もそうですが、知識は思いと連動しています。悪い思いをよい思いに置きかえるたびに、変化の力が知識を大きく進歩させてくれるからです。

よこしまな人間から気高い人間にいたるまで、いかなる人の人生においても、思いが人格と心のあり方と知識を決定しているのです。

のろのろと行く人、さっそうと行く人

たいていの人びとは、自分たちを支配する感情や、外的な要因に駆りたてられながら、のろのろと進化しています。

しかし、真の知識に到達した賢明な人は、みずから選んだ進化の道をさっそうと知的に突きすすんでいます。

自分の神聖な本質にまだ気づいていない大多数の人びとは、自分の思考の奴隷になって振りまわされていますが、賢明な人びとは、自分の思考の主人となってコントロールしています。

無知な人びとは、自分の思いに盲目的に従いますが、賢明な人びとは、自分の思いを理知的に選択します。

無知な人びとは、目先の楽しみや幸福のことだけを考えて衝動的に行動しますが、

賢明な人びとは、衝動を抑制し、真に正しい考えにだけ基づいて行動します。

無知な人びとは、衝動に身を任せることで正義の法則を台無しにしていますが、賢明な人びとは、衝動を抑えることで正義の法則を守っています。

賢明な人は、人生の事実とまっすぐに向きあい、思いが人をつくることを知っています。自分を存在させている法則を理解し、それに従って生きているのです。

しかし、むこうみずに生きたために悲しみを背負うことになった人でも、望みさえすれば、心の目を開き、物事の本質を見通せるようになります。

知的で晴れやかで穏やかな賢者も、無知で混乱した愚かな人も、どちらも同じ人間です。

ただ心に抱いている思いが異なっているにすぎないのです。

愚かな人が、愚かな思いを捨てさり、賢明な思いを選びとりさえすれば、賢明な人間になることができます。

学校では学べなかったこと

ソクラテスは、美徳と知識は本質的には一つのものであると考えました。賢明な人びとはみな、このことを理解しています。

学問は知恵を身につけるのに役立つこともありますが、それだけでは不十分です。賢明な思いを選択し、賢明な行ないをすることでしか、知恵を身につけることはできません。

いくら学校で一生懸命学んだところで、人生という名の学校では劣等生ということもありうるでしょう。

必死に単語を暗記しなくても、清らかな思いと、気高い考え方を心がけさえすれば、心に平安をもたらす、真の知識が得られるのです。

愚かさと知恵、無知と気づきは、たんなる思いの結果ではありません。それらは、思いそのものなのです。原因と結果——努力と結果——もまた、思いから生まれるのです。

わたしたちの存在はすべて、わたしたちの思いの結果である。
わたしたちは、みずからの思いのうえに成りたち、
みずからの思いによってつくられている。

人は魂を持つ存在なのではなく、自分自身が魂そのものなのです。自分自身が思い、行動し、知るのです。

その複雑な内面は、まさしく自分そのものです。その神聖な本質は、その人の思いに包まれています。

自分自身が望み、悲しみ、楽しみ、苦しみ、愛し、憎むのです。

心とは、形而上学的《けいじじょう》で超人間的な魂を表現するための道具ではなく、**人は魂そのものであり、心は人そのもの**なのです。つまり、心と人は一つなのです。

人は、自分自身を発見することも、ありのままの自分を見つめることもできます。

幻想や仮定をもてあそぶことをやめて、現実と向きあえば、本当の自分自身を知ることができるでしょう。

そうすれば、なりたい自分を心に思いえがいて、新しい自分をつくり出すことができます。

一瞬一瞬の選択が、自分の運命を形づくっていくからです。

3

世の中は「原因」と「結果」で動いている

LIGHT ON LIFE'S DIFFICULTIES

この世を支配する「たった一つの法則」

「法」という言葉を聞くと、無慈悲で冷酷なイメージを思い浮かべる人がとても多いのではないでしょうか。

それは、法をまるで手に負えない暴君のように考えたり、ただ人を罰するだけのものだと思いこんだりしているせいでしょう。そんな人びとにとって、「法」という言葉は、「罪人を探しだし、重い刑罰を与えるもの」というイメージを抱かせるのです。

たしかに法は人を裁きますが、その主たる役目は人を守ること。人がつくる法でさえ、いやしい激情から人を守るように考えだされているのです。

現代の法は、国民の生命と財産を守るために制定されており、法を破らないかぎり、罰せられることはありません。

法を犯す人にとって法は残酷で恐ろしいものですが、法に従う人にとって法はつねに保護者であり、友人であり、少しも恐ろしいものではありません。

それは、この世の秩序をつくっている宇宙の法則についてもいえること。

宇宙の法則は、人を守り弁護してくれます。

また、幸福を与えたり刑罰を与えたりすることで、一瞬も休むことなくわれわれを守り続けてくれます。

無知からであれ故意であれ、人間が違反を犯せば苦しみや死を与えて罰することで、人間を人間自身から守ってくれているのです。

あなたにとっての「強力な味方」

法則は、いかなるときも公平です。破れば人は傷つき、従えば人は幸福になれます。どんな賄賂《わいろ》も懇願も、法則を変えることはできません。

もし変更を加えられたり、無効にされたりしようものなら、宇宙は崩壊し、この世は混沌に覆いつくされてしまうでしょう。

法則は、悪事に罰を与えるときも正しい行ないを祝福するときも、つねに思いやりに満ちています。

もし、自分の無知と過ちによる結果から逃れることができたとしたら、心の安らぎなど永遠に手に入らなくなるでしょう。そうなれば、もはや逃げ場はありません。

自分の知恵と善良さによってもたらされた結果もまた、信用できないものになってしまうからです。

法則が正義と思いやりに基づいているのに対して、それに反することは気まぐれで残酷なものだといえるでしょう。

実際、宇宙の法則はつねに思いやりにあふれ、あらゆるものに当てはまる完全な法則であり、これこそキリスト教の賛美歌の一節、

永遠の愛、とこしえに満ちて、
とこしえにあふれ出る。

に表現されている神の愛や、仏教の教えや詩にある「無量の慈悲の心」そのものだといえるでしょう。

法則は人間を罰しもしますが、守ってもくれます。

無知ゆえに破滅の道を歩む人びとにも法則はいつも手を差しのべてくれます。ときには厳しく、しかし愛にあふれているのです。

人は、苦しみを経験するたびに少しずつ気高い知恵を身につけ、そして幸福を味わ

うたびに偉大なる法則の完璧さと真の知識を獲得することの、豊かな喜びを知るのです。

人は学ぶことで成長するものですが、ある程度までは、苦しむことで人生について多くを学ぶといえるでしょう。

一方で、心が愛で満たされたときは、愛という法則のこのうえないやさしさを理解し、知恵を獲得したときには、心の平安を手に入れることができます。

目に見えない「しくみ」

人間は宇宙の法則を変えることはできません。それは、まったく非の打ちどころがないものだからです。

しかし、その完璧さをよりいっそう理解し、その気高さを自分のものとできるように、自分自身を変えることはできます。

完全なものを、不完全なものへおとしめようとするのは、愚の骨頂ですが、**不完全なものを、完全なものへ高めようと努力するのは、最高に知的な行ない**です。

真に頭のいい人びとは、この世の目に見えないしくみのことで悲しんだりはしません。かれらは、宇宙を完全な統一体とみなし、不完全な断片の寄せあつめだとは考えないからです。

偉大なマスターたちは、どんなときも心に喜びと厳かな平和をたたえていますが、他方で、罪深い欲望にとらわれている愚かな人はこう嘆きます。

神のように宇宙が自由にできたらよかったろうに。
そうしたらこんな宇宙は砕きすてたろうに。
なんでも心のままになる自由な宇宙を
別に新しくつくり出したろうに。

これは世俗的な望みであり、背徳の喜びをある程度楽しみつつ、不快な結果は避けたいという、虫のいい願望にほかなりません。

このような人びとは、宇宙の法則を「くだらないしくみ」だとみなしています。かれらは、宇宙を自分たちの思いどおりにしたいと考えていますが、これは秩序をもたらす法ではなく、「無法状態」を望んでいるのと同じこと。

しかし、頭のいい人びとは、自分の意志と欲望を神聖なる法則に従わせて生きています。賢明な人にとって宇宙は、無数の断片によって完璧につくり上げられたものなのです。

釈迦は、宇宙の法則を、「善の法則」と呼んでいます。

それが信じられないとしたら、この法則を正しく理解していない証拠です。この法則には一かけらの邪悪さも、非情さもありません。

宇宙の法則とは、弱い心の持ち主や無知な人びとを押しつぶす冷酷な怪物であるどころか、やさしい愛と深いあわれみの心で弱者を危害から守り、強者がその力を破壊的な方向に使わないように防いでくれているのですから。

あらゆる邪悪さを破壊すると同時に、あらゆる善なるものを保護し、ほんの小さな苗木を大切に育てる一方で、巨悪を一瞬にして滅ぼす——この法則の存在に気づき、理解することで、人は永遠の幸せと平和を手にすることができるでしょう。

この法則が、わたしたちを正義へと導く。
だれも、そこからはずれることはできない。
その中心は愛にあふれ、
それに従えば、
平和と美しい実りが待っている。

4

〃自分のなかのガラクタ〃はどんどん手放す

LIGHT ON LIFE'S DIFFICULTIES

「お金で買えないもの」の手に入れ方

「どんなものにも値段がある」という古い格言があります。

たいていの人は、この格言を商業的なことにだけ当てはめて考え、精神的なことに結びつける人はほとんどいません。

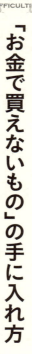

商業とは、等しい価値を持つ品を交換することで成りたっています。客はお金を渡して商品を受けとり、店は商品を渡してお金を受けとるというこの法則は、全世界共通であり、当然のこととして理解されています。

じつは、精神的な世界においてもこれと同じ法則が生きているのですが、ただ、交換の方法が異なっています。

物質的な世界ではものを交換しますが、精神的な世界における交換は、それとはまったく逆の性質を持っています。

たとえば、食品や衣類、本などを買おうとすれば、所持金いっぱい好きな商品を手に入れることができます。

しかし、もし一ドルを持って真理を説くマスターのところへ行き、一ドル分の信仰心や正義や知恵を買いたいと頼んだとしたら、そのマスターはきっとこういうでしょう。

「それは、お金で買うことはできません。それらはすべて精神的なものであり、商取引といっしょにすることはできないのです」

賢明なマスターなら、さらにこうつけ加えるでしょう。

「信仰心、正義、知恵といった、生きていくうえで不可欠な心の糧《かて》は、努力や犠牲を払って手に入れるべきものです」

お金で買うことはできなくても、そうしたものには値段があるのです。したがって、

手に入れるためには、何かを手放さなければなりません。

つまり、お金を出す代わりに、利己的な心を放棄しなければいけない。手放した利己心の分だけ、必ずそれに見合った信仰心や正義、知恵をすみやかに受けとることができます。

人は支払ったお金の分だけ、いずれ劣化する運命にある食物や衣類を受けとることができますが、手放した利己心の分だけ、精神にとっての不滅の栄養物や保護を受けとることもできるのです。

宇宙の法則は、より劣るものには機能して、より優れたものには機能しないなどということはありません。

――人が法則を守らないことがあっても、法則のほうはいつも絶対的に信頼できるものなのです。

「貯めこむだけの人」の行く末

たとえお金を大切に思っても、物質的な満足を得るためにはそれを手放さなくてはなりません。同じように、利己的な喜びを大切に思っていたとしても、信仰心による精神的満足を得るためには、それを解放しなければなりません。

商人はお金と交換に品物を売りますが、それはたんにお金を貯めこみたいからではありません。そのお金と交換に別の商品を仕入れるためでもあるのです。

商業のおもな働きは、人にお金を貯めこませることではなく、商品の交換をうながすことですから、守銭奴はもっとも見下される類《たぐい》の人物ということになります。

そのような人間はたとえ億万長者になったとしても、野ざらしで飢え死にすることになるでしょう。

というのも守銭奴とは、お金の表面的な価値だけを崇拝し、その精神――相互交換

――をないがしろにしているからです。

お金は手段であり、目的ではなく品物の交換を正しく行なうための記号にすぎません。

このように商業は、複雑に入りくんではいても、結局はただ一つの原則に行きつきます。それは、生きるために必要な物品を交換しあうことです。

自分のことばかり考えていると

では、この原則を、精神的な事柄に当てはめて考えてみましょう。

健全な精神を持った人は、やさしさ、思いやり、愛情といった精神的なものを与え、その代わりに幸福を受けとります。

これは何も、幸福を貯めこみたいからではなく、精神的なものを与えた当然の結果として、同じく、精神的なもの――幸福――を受けとったにすぎません。

本来、精神世界のおもな働きは、個人的な快楽を手に入れることではなく、精神的な至福を交換すること。

したがって、このうえなく利己的な人間――自分の利益のことばかりを考えている人――は、精神的な守銭奴だといえます。

たとえ、自分の欲望を満たすためのぜいたく品に囲まれていたとしても、その心は精神の貧しさのために腐りはてるでしょう。

このような人間は、幸福の表面的な価値だけを崇拝し、その内側にある気高い精神――無私の交換――をないがしろにしているからです。

利己心は、自分本位の快楽や幸福を求めますが、信仰心は、美徳を分けあたえます。

世の中には無数の宗教が存在していますが、結局はただ一つの原則に行きつきます。

それは、精神的な至福を交換しあうことです。

手放すと見返りがやってくる

では、精神的な至福とはいったいなんでしょうか。

それは、やさしさ、友愛、善意、思いやり、寛容、忍耐、信頼、穏やかさ、かぎりない愛とあわれみです。

こうした至福は、心が満たされない人びとにとって不可欠なものですが、それ相当の代価を支払わなければ手に入れることはできません。

不親切、無慈悲、悪意、冷酷さ、不機嫌、短気、疑念、争い、憎しみ、残酷さに加え、こうしたものによってもたらされている幸福や自己満足を、すべて放棄しなければならないのです。

このようなまったく価値のない精神的なお金を手放してしまえば、それと引きかえに、不滅の至福を受けとることができるでしょう。

つまり、商人にお金を渡してその代わりに商品を受けとるとき、その人はお金を取りもどしたいとは考えません。喜んでお金を手放し、交換に満足するはずです。

これと同じように、罪深さを放棄してその代わりに正義を得るときも、その人は利己的な快楽を取りかえそうなどとは考えません。

罪深さを永久に手放して、心から満足を感じるのです。

また、だれかに贈り物をする場合も同様です。たとえそれが物質的な贈り物であっても、受けとった相手がその品物に相当するお金を送りかえしてくることはありません。

なぜなら、贈り物をするというのは精神的な行ないであって、商取引ではないからです。

この場合、物質的なものを仲介として、贈る喜びと受けとる喜びという、精神的な幸福の交換が成立しています。

与えれば与えるほど、なぜよくなるのか

「二羽のスズメが一アサリオンで売られているではないか」(マタイによる福音書一〇・二九『新約聖書』)。

この世のものはすべて、どんなものにもどんな思いにも価値があります。物質的なものには物質的な価値があり、精神的なものには精神的な価値があります。

この二つの価値を混同してはいけません。

精神的な至福をお金で買おうとしたり、物質的な快楽を美徳で買おうとしたりするのは、利己的で愚かなことです。

それは、信仰心も物々交換できるものだと勘違いしているのです。

思いやりや、やさしさや愛情といったものは、売り買いできるものではありません。

それは、与えたり受けとったりできるだけです。もし贈り物に代金が支払われれば、

それはもはや贈り物ではなくなります。

すべてのものに価値があるからこそ、無償で与えれば、よりいっそう受けとることができるのです。

利己心がもたらす幸福を手放すことで、無私の心がもたらす、より大きな幸福を手にすることができます。

宇宙は公正であり、その公正さは疑いや恐れの余地がないほど完璧なもの。

わたしたちはただそのすばらしさに驚嘆し、感謝するだけでいいのです。

5

「心のレンズ」を磨きあげる方法

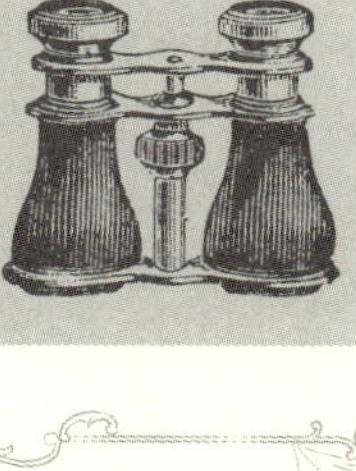

LIGHT ON LIFE'S DIFFICULTIES

人生に必須の「バランス感覚」とは

悪夢のなかでは、一つひとつの事柄がなんの関連性も持たず、何もかもがでたらめで、漠然とした混乱と苦痛に満ちています。

悪夢と利己的な生き方は、とてもよく似ています。

利己的な生き方においては、バランス感覚がほとんど失われ、物事はすべて自分の目的達成の役にたつかどうかだけで判断されます。

また、そこには熱狂的な興奮や、恐ろしいほどの苦悩や不幸が渦巻いています。それと同じ状態が眠っているときに、悪夢として現われるのです。

悪夢のなかでは、自分をコントロールする意志と知覚能力が働いていませんが、利己的な人生においても、その人の優れた性質と洞察力は深い休止状態にあるといえるでしょう。

無知な人の心はバランス感覚が欠けており、自然界に存在するもの同士の正しい関係を理解することや、自分の周囲のものの美しさや調和にも気づくことができません。

バランス感覚とは、物事をありのままにとらえる能力。われわれはこの能力を伸ばさなければなりません。そうすれば自然界のものすべてを理解し、道徳的人格を高めることができるでしょう。

バランス感覚はまた、精神的な世界においても同じように不可欠なものですが、ここではさらに不足しており、よりいっそう必要とされます。

というのも、精神的な世界で物事をありのままにとらえるということは、悲しみや嘆きから完全に解放されることを意味するからです。

心を麻痺させてはいけない

悲しみや不安、恐怖や苦悩といったものは、いったいどこから生まれるのでしょうか。

物事が自分の期待どおりに運ばないからでしょうか。それとも、さまざまな欲望のせいで、物事を正しく見ることができなくなっているからでしょうか。

人は悲しみに打ちのめされると、失ったもののことしか考えられなくなります。そうなると、人生を大きな視野からとらえることができません。かりにささいな悲しみであったとしても、当人にとっては、人生の一大事であるかのように思えるのです。

人は三十歳を過ぎたあたりから、それまでの人生を客観的に振りかえることができるようになります。

不安で胸がいっぱいだったときも、悲しみに打ちひしがれたときも、絶望のふちに突きおとされたときも、正しいバランス感覚に照らして思いかえしてみれば、どれもさほど深刻なものではなかったことがわかります。

自殺したいと考えている人もとりあえず思いとどまってみれば、おそらく十年後には、そんなささいなことで自殺しようとしていた自分の愚かさに呆《あき》れかえるはずです。

悲しみのあまり心が麻痺しているときには、人は判断力を失い、物事を正しく評価したり、考えたりすることができません。

苦悩の原因になっている事柄の、相対的な価値や正しい関係を理解できないのです。

目覚めて活動していても、現実を正しく認識する能力が停止し、まるで悪夢のなかで生きているようなものでしょう。

自分のまわりがクリアに見えていない人

感情的になっている瞬間は、バランス感覚が失われているときです。

そのため、**自分の意見が絶対的に正しく、相手の意見は絶対的にまちがっていると思いがち**です。

こうした偏見によって考え方が束縛されてしまうので、問題に関してどんな理由を並べたてたにしても、それは偏見に満ちたものでしかありません。

こうして双方のあいだの正しい関係を見極めることができなくなります。

自分の側がまったく正しく、相手の側は完全にまちがっていると確信しているので、公平な判断など不可能です。

唯一正しいと思えるのは、すべてを自分の思いどおりにすることだけなのです。

どんな問題もス〜ッと消えていく

物質世界におけるバランス感覚が、「嫌悪する心」を滅ぼすのと同じように、精神的世界におけるバランス感覚は、「敵対する心」を滅ぼします。

真の芸術家にとって、この世に醜いものなどありません。その目にはすべてが美しく映ります。

ほかの人びとにとっては胸が悪くなるようなものであっても、真の芸術家にとってはこの世にあるべくしてあるものであり、美しい絵として描きだされるのです。

同じように、真に賢明な人にとってこの世に邪悪なものなどありません。その目には、すべてが善なるものに映ります。

ほかの人びとにとっては憎むべきものであっても、それは進化のしくみによって、この世にあるべくしてあるものであり、公平な目で静観するだけです。

バランス感覚に欠け、物事を正しい関係においてとらえることができないために、人は苦しみ、悲しみ、争いあいます。

人間の苦悩のもとになっているのは問題そのものではなく、問題に対するその考え方です。それは、みずからつくり出した影であり、利己的な悪夢が生んだ実在しない創造物にすぎません。

道徳的なバランス感覚を養い、高めることで、特定のものだけを熱狂的に支持していた人も、穏やかなバランス感覚を持った人に変わることができます。

冷静さが備わり、それまでは利己心のぶつかり合いにまぎれて見えなくなっていた和解の手段を探ることができるでしょう。

健全なものの見方ができるようになり、心には静けさがよみがえり、公平に物事を判断する目もついてきます。

そうなると、この世は完全に調和した世界として見えてくるでしょう。

6

自分に嘘をついていないか

LIGHT ON LIFE'S DIFFICULTIES

心のなかに頑丈な「土台」をつくる

真理に生きる人は、自分が信じる神聖な原則に忠実です。

病気や貧困、苦痛に苦しもうと、友人や社会的地位が失われようと、たとえ死が迫ろうとも永遠に真実だと確信した原則を捨てさることはありません。

その人にとってこうした不幸をすべて合わせたものよりも、つらく恐ろしく、避けるべきことは、原則を放棄することなのです。

原則が健康や富や安楽な人生をもたらしてくれないからといって、苦境のさなかで臆病になったり、良心を否定したり、激情や欲望や恐怖心にとらわれたりして、神聖な原則を踏みにじることは、真理に生きる人にとっては何よりも邪悪で、罪深いことだといえます。


人間は、病気や死から逃れることはできません。

長いあいだ逃げ続けることはできても、最後には必ず追いつかれてしまいます。

しかし、悪い行ないや恐怖心、臆病心を避けることはできます。悪い行ないを避けて恐怖心を追いはらえば、人生の不幸に襲われても打ちまかされることはないでしょう。そういう生き方を心がけることで、病気や死を支配することができるのです。

病気や死から逃げまわるよりも、自分から征服してしまったほうがいいのです。

「身内のため」という悪魔の誘惑

だれかを守るためには、不正な行ないも許されるときがある、と説く人びとがいます。たとえば、だれかの幸福のためなら、嘘をついてもいいというのです。

要するに、進退きわまる状況のもとでは、真実の原則を捨てさってもいいということでしょう。

しかし、偉大なマスターたちが、このような教えを説いたことは一度もありません。偉大なマスターたちより劣る人びと——とはいえ、すばらしく高潔な人格を持った、預言者、聖人、殉教者など——でさえ、こんなことはいいません。

というのも、優れた知恵を持つ人びとはみな、**いかなる状況にあっても、不正が正義になることはなく、嘘に人を救い、守る力などない**ということをよく知っているからです。

不正な行ないは苦しみよりも邪悪であり、嘘は死よりも有害で破壊的です。イエスは不正な行ないによって、自分の命を守ろうとした弟子のペテロをきびしくしかりました。

心の正しい人は、ほかのだれかの道徳心を犠牲にしてまでも、命を永らえたいとは思わないものなのです。

不正や臆病さや嘘を恐れても、苦しみや死を恐れない殉教者や不動の信念を持った人びと——苦難の極みにあっても自分の信じる原則に、なんの迷いもなく従い続ける人びと——は、だれからも賞賛され、尊敬されます。

自分を嫌う人からあざけりや嘲笑を浴びせられても、家族が泣いて懇願しても、かれらはひるむこともうしろに下がることもなく、人類の未来の幸福と救済は、いざというときの信念の固さで決まることを知っているのです。

だから、そうした人びとはつねに美徳の模範であり、救済の源であり、人類全体を向上させるパワーであり続けます。

しかし、自分や愛する人びとを救うために嘘をついたことがある人は、原則を捨てさった時点で、パワーが永遠に失われ、だれからも尊敬されません。

かりに尊敬されていたとしても、その嘘のためにもはや愛されることはないのです。

試練に屈した人とみなされ、このうえない美徳を放棄した愚かな例として、いつまでも人びとの記憶に残ることになるでしょう。

もしすべての人が、「極限状態のもとでは、虚偽が許される」と信じていたとしたならば、この世には殉教者も聖人もいなかったはずです。

そうなれば、人間の道徳的性質は根底から揺るぎ、人類は深い闇のなかを手探りで生きていかなければならなかったことでしょう。

その人の真価が問われる瞬間

「不正な行ないであっても、人を助ける場合には許される」という考え方の底には、「不正と虚偽は、不幸や苦しみや死よりも邪悪ではない」という暗黙の思いこみがあります。

しかし、行ないの正しい人なら、不正と虚偽はどちらも重大な罪悪であることを知っていますから、たとえ自分自身やほかの人びとの命が危険にさらされようとも、けっしてその二つの罪を犯そうとはしません。

豊かで平穏無事な人生を送っているときは、正しい生き方をするのは簡単ですが、**苦しみに襲われ、不運の闇に覆いつくされ、苦境に陥ったときにこそ、人は真価を問**

われます。

こうした**困難な状況においてこそ、その人が利己的な人間なのか、それとも、真理に忠実な人間であるのかが明らかになる**のです。

原則は、困ったときにこそ人を救ってくれます。そんなときに、もし原則を捨てさってしまったら、利己心の誘惑とそれがもたらす苦しみから、どうやって逃れることができるでしょうか。

もし人が、目先の苦しみを避けるために、自分の良心や思いをあざむけば、かえって苦悩と不運が増すだけです。つねに自分を守ってくれる原則を捨てさることは、愚かで、危険な行為なのですから。

もし快楽のために真理を放棄すれば、そのどちらも失うことになりますが、もし真理のために快楽を放棄すれば、真理によってもたらされる心の平安が、悲しみをいやしてくれるでしょう。

低俗なものと引き換えに気高いものを手放せば、虚しさと苦悩が残るだけです。それに、永遠の真理を捨てさってしまったら、いったいどこに救いを求めればいいのでしょうか。

逆に、気高いものと引きかえに低俗なものを放棄すれば、気高いものが持つ力強さと充足感がわがものとなり、このうえない喜びをもたらしてくれることでしょう。

そして、真理にこそ、人生の不幸や悲しみの救いがあることに気づくのです。

絶え間なく変化する人生のなかに永久不変の原則を見つけ、いかなるときもそれに従うことです。

それが、真の幸福や救いや永続的な心の平安を手に入れる唯一の方法です。

7

「自己犠牲」が楽しみになるとき

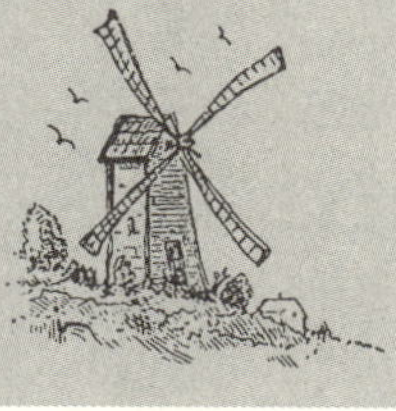

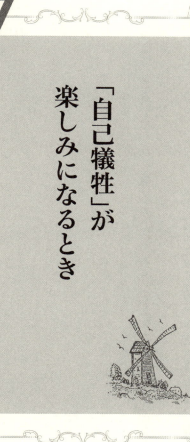

LIGHT ON LIFE'S DIFFICULTIES

釈迦が見つけた「心の安らぎ」

自己犠牲は、偉大な霊的指導者たちが説く基本原則の一つです。

それは自我、つまり利己心を放棄し、真理に基づいて行動すること。

自我は捨てさるべきものではありませんが、その心のあり方を変えなければなりません。

自我を放棄するということは、**知的な存在であるのをやめることではなく、邪悪で利己的な欲望を、すべて滅ぼすこと**です。

「利己的な自我」というのは、美徳や正義を実践するのではなく、移ろいやすいものやはかない快楽に、盲目的にしがみつきます。

利己心とは、渇望し、切望し、欲望する心なのです。だからこそ真理に到達して永遠の安らぎを得るためには、捨ててしまわなければなりません。

それも物質的なものを放棄するだけでは、意味がありません。ものを欲する心を手放さなければならないのです。

つまり、富や、地位や、友人や、家族や、名声や、家や、妻や、子どもや、自分の命まで犠牲にしたとしても、利己心を捨てていなければ、なんの意味もないのです。

釈迦は、俗世と自分の愛するものをすべて捨て、六年間、真理を求めて苦しい放浪の旅を続けましたが、あらゆる欲望を放棄してはじめて悟りを開き、安らぎの境地に達しました。

ものを手放しただけでは、ただ苦しむことになってしまい、心の平安は得られません。

自分勝手な生き方や、物欲を手放さなければ、心に安らぎは訪れないのです。

エゴがここまで邪魔をする

とはいえ、心に少しでも利己心が残っていると、自己犠牲は苦痛としか感じられません。

不道徳なものや快楽を欲する心があれば、猛烈な誘惑に苦しみもだえることになりますが、そうした欲望を永久に追放してしまえば、自己犠牲は完璧なものとなり、誘惑に苦しむこともなくなります。

利己心を完全に捨てされば、自己犠牲はもはやつらいものではなくなり、完全な知識と平和が手に入ります。

憎しみ、強欲、ねたみ、嫉妬、虚栄、自慢、大食、好色、虚言、欺瞞《ぎまん》、悪口、怒り、復讐——これらはすべて、利己心から生まれたもの。

自己犠牲とは、こうした邪悪な心のあり方を放棄することなのです。

はじめのうちはつらく感じられますが、じきに神聖な心の安らぎを実感できるようになり、真理の光が心のなかを照らしはじめたとき、ついに、その安らぎは完全にその人自身のものになるでしょう。

こうした自己犠牲によって、心に平和がもたらされます。

真理に基づいた完璧な人生には、もはや自己犠牲や苦しみ、悲しみは存在しないからです。

利己心のないところに、手放すものなどありません。移ろいやすいものに執着する心のないところに、捨てさるものなどもうないのです。

すべてを真理の獲得のためにささげてしまえば、利己的な愛は、神聖な愛に包みこまれるでしょう。

神聖な愛には、少しの利己心もありません。そこには完全な洞察と、悟りと、永遠の命――つまり、完璧な平和があるだけです。

8

「人生の主導権」は握ってはなさない

LIGHT ON LIFE'S DIFFICULTIES

「○○のせいで」というのをやめる

自己犠牲について述べたあとで、心の管理の仕方について触れるのは時宜《じぎ》にかなっているといえるでしょう。

人は自己抑制の必要性を理解する前に、大きな思いちがいを振りはらわなければなりません。

その思いちがいとは、「自分の失敗はすべて、ほかのだれかのせいだ」というものです。

つまり、「他人に邪魔されなければ、いまよりもずっと成功できたのに」とか、「あんな怒りっぽい家族といっしょに暮らしていたら、何もうまくいくはずがない」といった不平不満は、「自分自身の愚かさは他人のせいである」という誤った考えから生じているのです。

乱暴で短気な人はいつも、腹がたつ原因をまわりの人びとのせいにします。

こうした思いこみにとらわれているかぎり、焦りや心の乱れはよりいっそう強められてしまいます。**自分の欠点を他人のせいにしているうちは、それを克服することなど不可能**だからです。

ますます他人に当たりちらして自分を正当化し、そして、自分の不幸のほんとうの原因にけっして気づくことはないのです。

多くの人は自分の行ないのまずさを、
他人にそのかされたせいにして、
けっして、弱く、罪深い自分自身のせいにはしない。

まわりに流されてしまう人の限界

欠点も過ちも堕落も、すべては心から生じたものであり、その人自身に責任があります。

たしかに悪事へ誘惑されることはありますが、いかなる誘惑も本人が拒絶しさえすれば無力です。

悪の道に誘うのは愚かな人びとですが、そんな人びとのいいなりになるということは、みずから進んで愚行に手を貸すようなもの。

そうした人はあさはかで意志が弱く、自分自身のなかに問題の源を抱えています。高潔な人や知的な人は、誘惑されることなどありえません。

自分の行動にはすべて責任があることを理解するようになれば、知恵と心の平安へ続く道をかなり進んだといえます。

悪の誘惑を成長の手段に変え、他人の不正な行ないを、自分の心の強さを試す試金石と考えるようになるからです。

なぜソクラテスは、悪妻を大切にしたか

ソクラテスは、口やかましい妻を持ったことを神に感謝しました。妻のおかげで、忍耐という美徳をより高めることができたからです。

短気な人といっしょにいれば、より忍耐力が身につき、利己的な人といっしょにいれば、より寛大さが身につくものです。

短気な人間に我慢ならない人は、その人自身が短気なのです。

また、利己的な人間に対して利己的にふるまう人は、その人自身が利己的なのです。

試練によって人の美徳は試され、測られますが、それは金や宝石のように試されれば試されるほどより輝きを増していきます。

美徳を身につけていると自分では思っていても、悪いものを目の前にしたとき、それに屈してしまうようなら、まだまだ道なかばです。

「どうしようもない欠点」にチャンスが隠れている

もし人間として本当に向上したいと望むなら、「だれかのせいで○○できない」という愚かな考えを捨てなければなりません。

自分を阻《はば》んでいるのは、自分自身にほかならないことに気づきましょう。うまくいかない原因を他人のせいにするのは、自分の欠点を暴露しているようなもの。それに気づけば、知恵の光に照らされ、心には安らぎが訪れます。

そしてやがては、利己心を完全に克服することができるはずです。

人がたえず人間関係で悩んでいるという事実は、他人とのかかわりが自分自身をより深く知り、自分の心のあり方をより気高く、ゆるぎないものにするために必要だからでしょう。

克服できない障害だと思っている事柄こそが、自分の道徳的責任や生まれもった善を行なうパワーを十分に理解したときに、もっとも自分を向上させてくれるものなのです。

それを知れば、みずからの卑怯《ひきょう》な行ないをだれかのせいにすることはなくなり、いかなる状況にあっても、誠実に人生を歩んでいけるようになるでしょう。

目からは自己欺瞞のうろこが落ち、それまでは悪へ誘惑される被害者だとばかり思っていたのが、実際は、自分自身にその原因があったことにも気づくでしょう。

自分の心の欠点を克服すれば、同じ欠点を持つ人びとと交わる必要もなくなり、おのずと善良で高潔な人びととの交流が生まれます。

そうして手にした心の気高さを、やがてはほかの人びとの心にも呼びおこすことができるようになります。

気高い心を持とう。

そうすれば、人びとのなかで眠っているにすぎない
けっして死に絶えてはいない気高さを
厳かに呼びさますことができるだろう。

9

自分と向きあう強さ

LIGHT ON LIFE'S DIFFICULTIES

「苦しみ」からさっさと解放される法

知恵を得るために、人類がまっさきに学ばなければならないことは、自制――自分自身をコントロールすること――です。

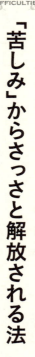

人生で苦しみを味わうのは、自制を身につけていないからです。自制なくしては救済という言葉は意味をなさず、心の安らぎを手に入れることも不可能です。

というのも、罪悪に屈し続けている人を、どうして罪悪から救うことができるでしょうか。

あるいは、心の問題や障害を克服することなく、どうして永続的な心の平和を実現することができるでしょうか。

自制は天国への扉です。それは人を知恵の光、そして心の安らぎへ導いてくれます。自制なくしては、人は地獄にいるようなものです。暗闇のなかで道に迷い、心の休まるときはありません。

人は自制心を持たないがために、心と魂の両方に計りしれない苦しみを負わせ、言語に尽くしがたい苦悩を経験します。

自制心を実践することによってはじめて、苦しみから自由になれるのです。

自制心に取ってかわれるほど強力なものなど、何ひとつありません。

この世には、自分自身をコントロールすること以上に、人に貢献するパワーは存在しないのです。

「心の闇」との戦い方

自制によって、その人が持つ神聖なパワーが発揮され、気高い知恵の獲得と人間性の完成に向かって成長をはじめます。

自制は、だれにでも可能です。

意志のとても弱い人は、いますぐはじめたほうがいいでしょう。そうしなければいつまでたっても意志の弱いままか、さらに弱くなってしまうからです。

ちなみに自制しようとも、心を清めようともしない人にとっては、どんな信仰も役には立ちません。

イエスは神であるとか、釈迦は全知であるとか、聖霊や精霊が世の中の出来事を左右しているといったことを信じようと信じまいと、そうしたことが争いや無知、堕落の原因を心のなかに抱え込んでいる人を救うことはありません。

いかなる神学的な肯定や否定もまた、いかなる外的な力も、人を中傷し、かんしゃくを起こし、不純な考えを放棄しようとしない人を正当化することも正すこともできません。

花はまず地下の暗闇と戦って、そのあとはじめて地上の光を浴びることができます。人もまた、まず**自分自身の心の暗闇と戦ったあと、はじめて真理の光を浴びることができる**のです。

「身の丈《たけ》」を知らない心へ

自制がどれほど重要なものか、多くの人は理解していません。また、どれほど必要なものかも、どれほどの精神的自由と幸福をもたらしてくれるものかも、まったく気づいていません。

このために人は自分の思考の奴隷となり、苦痛や苦しみが絶えないのです。**この世に氾濫《はんらん》する暴力、不道徳な行ない、病気、苦悩といったもののほとんどが、自制心の欠如から生じています。**

それを考えれば、自制することの大切さが少しずつわかってくるでしょう。

自制とはまさしく天国の門であり、自制なくしては、幸福や愛や心の平和を実感することも維持することもできません。

自制心が欠如すればするほど、心と人生はいっそう混乱していきます。

これほど多くの人びとがいまだに自制心を持つことができないからこそ、法と秩序を維持し、破壊的な混乱を防ぐための制度が、世界各国で必要とされるのです。

「ニセモノの美徳」にだまされるな

自制心は美徳のはじまりであり、それを持つことであらゆる気高い性質を身につけることができます。

また自制心は、秩序ある真の信仰生活においてもっとも不可欠な資質であり、人を穏やかさと幸福と心の安らぎへと導きます。

自制心がなければ、たとえ神学的な信念を持っていようと、何かの宗教を信仰していようと、それは真の信仰とはいえません。

なぜなら信仰とは、知恵にあふれた行ないのことだからです。

そして、崇高な精神とは、心のなかの荒々しい性癖に打ちかつことだからです。

自制心を捨てさると、人は信仰とは利己心を克服することでも清廉潔白な生活を送ることでもなく、経典をある程度信じ、救世主と呼ばれる人をある程度崇拝するだけでいいと思いこむようになります。

こうして、うわべだけの信仰が無数に生まれ、混乱し、人びとは自分たちの理論化された信仰を守るために、互いに激しく争いあうのです。

しかし、真の信仰とは理論ではなく、**清らかな精神と愛に満ちあふれた心と、世界中の人びとと和合する魂**のことを指します。

それはまた、必死になって弁護すべきものでもありません。

なぜなら、真の信仰とは、ただ存在し、行動し、正しく生きることにほかならないからです。

人は自分自身をコントロールできるようになってはじめて、真の信仰を実践できるようになるのです。

10

「行動」を確実に「結果」に！

LIGHT ON LIFE'S DIFFICULTIES

「行動《アクション》」と「結果《リターン》」の法則

悪い行ないをした人がもっともよく口にする言い訳の一つは、「もし正しい行ないをしていたら、悲惨な結果を招いていただろう」というものです。

愚かな人びとというのは、自分の行ないそのものよりも、それがもたらす結果ばかりを気にかけ、その結果さえ事前に予測できると思いこんでいます。

こうした好ましい結果だけを望み、不快な結果を避けようとする気持ちが、人の心を混乱させ、善悪の区別や正しい行動の判断を不可能にしているのです。

たとえ、ほかのだれかの幸福のために悪い行ないをしたのだとしても、同じことです。

自分のためにするよりもいっそうあいまいで、危険だとさえいえるでしょう。

賢明な人びとというのは、自分の行ないがもたらす結果ではなく、行ないそのものを気にかけます。かれらは、結果が好ましかろうが不快であろうが心配せず、ただ、その行ないが正しいかどうかを重視するのです。

正しい行ないだけを心がけ、その結果にはまったくこだわらないので、疑念や欲望や、恐怖といった感情に苦しむこともありません。

また、ちょっとしたことで悩んだり、不安感にさいなまれたりということもありません。

賢明な人の歩む道は、とても単純でまっすぐで平坦なので、進むべき方向がわからずに途方に暮れることなどけっしてないのです。

こうした人びとのことを、ヒンドゥー教の神クリシュナは**「行為の結果にこだわらず行動する人」**と呼んでいます。

クリシュナはまた、「行為の結果を放棄した人は、このうえなく善良で賢明である」ともいっています。

結果から逆算するのをやめる

自分にとって好ましい結果だけを求めて努力する人や、自分やまわりの人の利益を守るために正義の道からはずれる人は、けっして疑念や困難や困惑、苦しみから解放されることはありません。

自分にとって都合のいい結果を優先して行動するので、その行動には一貫性がなく、環境の変化に翻弄されます。すると、右往左往しただけで、望むような結果が生じることはありません。

しかし、**正義のためだけに努力する人は、正しい行ないを心がけ、利己的な考えを放棄し、結果を気にかけません。**

かれらはいかなる境遇の変化のなかにあっても、断固とした信念と平常心を保ち、思いわずらうことはありません。こうした人の行ないからもたらされる果実は、とても甘く、祝福されたものとなります。

かれらは「悪い行ないからはよい結果は生まれず、正しい行ないからは悪い結果は生まれない」ということを穏やかに確信しています。

なぜなら、行為の結果というのは、努力して求めようと求めまいと必ず起こるものだからです。

真理の法則を知らない人は自分勝手な種をまき、自分の行ないの結果は、自分自身でつくり出せると思っています。そのため、利己心がもたらす苦い果実を収穫することになるのです。

正義の種をまく人は、自分はあくまで行ないの結果を刈りとるだけで、つくり出すことなどできないことを知っています。しかし結果的に、正義がもたらす甘い果実を収穫することができるのです。

正義とはこのうえなく単純なものであり、複雑さとは無縁ですが、過ちとは、はてしなく複雑で心を混乱させるものです。

利己心や衝動を放棄し、正しい行ないを心がけることこそ、もっとも気高い知恵といえるでしょう。

11

いくつになっても成長する人の頭

LIGHT ON LIFE'S DIFFICULTIES

ノイズにあふれた世の中で、しなやかに生きる

知恵の道はもっとも気高い道であり、この道においてはすべての疑いが晴れ、知識と確信を手にすることができます。

世の中の興奮や快楽、人びとの激しい感情のうねりのなかで、知恵——温和で静かで美しい——を見つけるのはとてもむずかしいことですが、それは**知恵というものが、理解できない複雑なものだからではなく、あまりに控えめで単純なものだから**です。

一方、利己心は、無知で軽率で自分の権利や喜びのことしか眼中にないために、知恵の存在に気づくことができないのです。

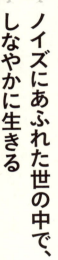

何があってもブレないために

多くの人は知恵を嫌がります。というのも、知恵はもっぱら利己心を痛烈に非難してくるからです。人格のレベルの低い人は、非難されることに耐えられません。

したがって、知恵を手にするにはまず、敵である知恵に対して暴動を起こす存在である利己心を滅ぼさなければなりません。それを滅ぼしてしまえば、知恵はもはや打ちまかされることも、否定されることもないでしょう。

愚かな人は、自分自身の激しい感情と欲望に支配されているので、何かをしようとするとき、「これは正しいことかどうか」などと、ためらいません。

その頭には、どれだけの快楽や利益を得られるかということしかないので、自分の激情をコントロールせず、確固たる原則に基づいて行動するわけでもなく、欲しいものをただどこまでも追いもとめていくだけです。

頭のいい人は、**衝動や一時の感情で行動することはけっしてなく、何が正しいのかを冷静に判断してから、それを行動に移します。**

どんなときも思慮深く、何事にも動じず、気高い道義心に従って行動し、快楽にも苦しみにも、左右されることはありません。

ゆるぎない知性を、どうやって身につけるか

知恵は、書物や旅や学問や哲学のなかで見つけられるものではなく、実践によってのみ、獲得することができます。

たとえ、偉大な哲学者の著書に精通していたとしても、自分の激しい感情に屈し続けていれば、知恵を獲得することはできません。

どれだけ本を読み、どれだけ勉強したとしても、自分の過ちに気づき、それを放棄しなければ、なんの意味もありません。

知恵は、うぬぼれた人には「自慢はおやめなさい」と教え、高慢な人には「謙虚になりなさい」と教え、おしゃべりな人には「口を慎みなさい」と教え、怒りっぽい人には「怒りを抑えなさい」と教え、恨みを抱いている人には「敵を許しなさい」と教え、勝手放題に生きている人には「節度を守りなさい」と教え、不道徳な人には「心の欲望を追いだしなさい」と教えます。

そして、すべての人に、**「どんな小さな過ちも犯さないように注意し、自分の務めを誠実に果たし、けっして他人の務めに干渉してはいけません」**というのです。

正しい道は、時に〝茨《いばら》の道〟に見える

先の項で述べたことはとても単純なことであり、実践するのも簡単でしょう。

にもかかわらず、「それが利己心を滅ぼすためです」というと、人のなかの利己的な部分が激しく反発するのです。

利己心は、荒々しい興奮や熱狂的な快楽を好み、知恵が持つ穏やかで美しい静寂を嫌います。だから、多くの人びとはいつまでも愚かなままでいることを選びます。

しかしながら、知恵への道はいつでも開かれ、険しく入りくんだ愚かさの道に疲れはてた人びとを受け入れてくれます。

いかなる人も自分さえそう望めば見識を高めることができ、努力しさえすれば知恵を獲得できるのです。

自分に正直になり、自分の無知を知り、自分の過ちと正面から向きあい、自分の欠点を認め、生まれかわろうと努力することで、知恵の道を見つけることができます。

謙虚に従順に、その道を歩んでいけば、やがて魂は自由に解きはなたれるでしょう。

12

「持って生まれたもの」?
——それがなんだ

LIGHT ON LIFE'S DIFFICULTIES

性格は固まっているものではない

「これはわたしの性格だから、どうしようもない」という言葉を、悪い行ないの言い訳として、何度も耳にしたことがあるでしょう。

これは、いったいどういう意味なのでしょうか。こういう人は、自分の性格はけっして変えられない、それはどうにもならないものだと信じこんでいます。

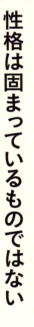

つまり、自分はこんなふうに「生まれついた」のだから、悪い行ないを死ぬまで続けなければならないといいたいのです。

父親や祖父に似たのだとか、そうでなければ、数百年前の祖先のだれかから遺伝したに違いないなどという理由で、自分を変えようとしないのです。

こうした考えは、すぐに捨ててしまうべきです。

というのも、この考えには根拠がないだけでなく、善良な人間としての成長や人格の向上、人生の気高い発展などを、完全に妨げているからです。

そのハードルは、簡単に越えられるもの

人格は変えられないものではありません。それどころか、自然界のなかで、もっとも変化しやすいものの一つです。

たとえ意志の力で意識的に変えなくても、人格は、環境からの圧力によってつねに修正されています。

また、性格も同じことをし続けたり、「どうにもならないもの」だと、かたくなに信じていたりしないかぎり、変えられないものではありません。

こうした誤った思いこみを捨てればすぐに、「どうにでもなるもの」であることがわかるでしょう。

さらには、**知性と意志によって性格をある程度形づくれることや、本気で取りくめばその作業もかなりすばやく進められる**ことにも気づくはずです。

性格とは、同じことを何度もくり返しているうちに身につく、習慣にほかなりません。長く続けてきたよくない考えや行動の習慣をやめるのは、はじめはつらいものですが、努力を続けることによって、そのつらさもしだいに和らぎ、ついには完全に消えてしまいます。

そうなれば新たなよい習慣が形成され、性格はよい方向へと変化し、人格は高められ、心は苦悩から解放されて、喜びに満ちあふれるでしょう。

自分でも好ましくないと思っている性格にがんじがらめになり、不幸でいる必要などどこにもありません。

そんな性格はいますぐ捨ててしまえばいいのです。自分自身を束縛から解きはなち、自由にしてあげましょう。

13

「人は人、自分は自分」の爽快感

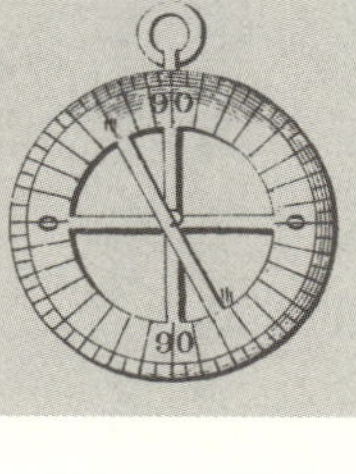

LIGHT ON LIFE'S DIFFICULTIES

「他人は変えられない」なら

人は自分の心なら完全に支配できますが、他人の心や外部の物事を、完全に支配することはできません。

自分の心は意のままにできても、他人の心を意のままにすることはできません。

また、自分の考え方を選択することはできても、他人の考え方を選択することはできません。

天候を思いどおりにコントロールすることはできなくても、自分の心をコントロールし、天候に対する心の態度を決めることはできます。

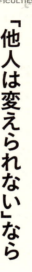

人は自分の心を修正することはできますが、外部の世界を修正することはできません。

というのも、外部の世界は、同じように選択の自由を持つ、他人の心が集まってできているからです。心の清らかな人に汚れた人の心を清めることはできませんが、その清らかな生き方や、清らかさを達成するまでの経験について語ることで、教師として、よりすんなりと人びとを清らかさへと導くことはできます。

しかし、その場合でも、そうした導きを受けいれるか、拒絶するかを決めるのは、その相手自身です。人が持つ選択の自由とは、このように徹底したものなのです。

人が自分の思いと行動がもたらす結果を避けられないのは、この事実——人は他人の心を支配できないが、自分の心は完全に支配できる——のためです。

人は、**身に起こった結果を変えることは絶対にできませんが、その根本となる思いを自由に選択することができる**からです。

自分の思いを選択したあとは、その思いがもたらす結果をすべて受けいれなければなりません。

行ないを選択したあとは、その行ないがもたらす結果から絶対に逃げることはできないのです。

自分のなかの「巨大なパワー」に気づく

法則がすべてを支配する一方で、人には絶対的な個人の自由があります。だれでも自分の好きなようにふるまうことができますが、ほかの人びともまた、好きなようにふるまうことができるということです。

たとえば、盗みを働く人がいたとしても、ほかの人びとには、泥棒から自分たちを守る力があります。

ある思いを抱き、意志を行動に移してしまったら最後、その思いや行動にはもう自分の支配力はおよびません。

どのような結果が生じようとも、逃げることはできないのです。結果は、それをもたらした思いや行動の性質によって、不快なものか喜ばしいものかが決まります。

だれしも、自分の思いや行動を選択する自由を持っているということは、**人は遅かれ早かれ、ほかの人びとの心を思いやることを学ばなければならない**ということです。そうしないうちは、苦しみから解放されることはありません。

他人の心を顧みない思いや行動は、他人が持つ選択の自由を侮辱し、侵害することになるからです。

したがって、そうした思いや行動は自由の原則によって無効化されますが、それが当人には苦しみとして感じられるのです。

無知を克服した人は、自分のなかの巨大なパワーに気づき、そのパワーを他人に敵対することではなく、他人の心に調和させることに使います。

ほかの人びとの選択の自由を認めれば、心は満たされ、苦しむこともなくなるでしょう。

みずからを滅ぼす原因

利己心、エゴ、専制は、精神的な見地からいえば、どれも同じ意味の言葉です。あらゆる利己的な思いや行ないはエゴの現われであり、専制的な行為であり、苦しみと挫折の源です。こうしたものは、絶対的な自由の法則によって滅ぼされるでしょう。

もし利己心のほうが自由の法則に勝るのなら、自由は存在しないことになります。しかし、**自由とはもっとも尊いものであるため、利己心はやがて敗北する運命にあります。**

利己的な行ないには、二つのエゴの要素が含まれています。

一つには、他人の自由を否定することであり、もう一つは、不当な範囲にまで自分の自由を主張することです。その結果、みずからを滅ぼすことになります。専制とは、すなわち死です。

人は、もともと利己的な生き物ではありませんが、人みずからが利己心をつくり出すのです。

利己心は、その人が持つパワーの現われですが、そのパワーは、自分を存在させている法則にさえ従おうとはしません。

それは知恵を持たないパワーであり、誤った方向に向けられたエネルギーです。**知的な存在としての自分の本質やパワーに気づかないがために、利己的**なのです。

こうした無知や利己心は苦しみを引きおこしますが、長いあいだいくども苦しんだ末に真の知識に到達すれば、自分のパワーを正当に使えるようになります。

一方で、真に賢明な人は利己的ではありえません。かれらは、他人の利己的な態度を責めることも、無理に寛容な人間に変えてやろうなどとも考えません。

それは〝余計なおせっかい〟だ

利己的な人が、他人を自分の思いどおりにしようとするのは、そんなふうに他人をあつかうのが当然のことだと考えているからです。

その結果、他人の自由意志を意のままにしようと苦心し、愚かにも自分自身のエネルギーを浪費しています。

利己的な人はこうした行ないによって、同じように利己的な他人の心や、他人の心の自由に敵対し、みずから苦しみを招いているのです。

人びとがつねに対立し、激しい感情をぶつけ合い、この世に混乱と争いと苦悩が絶えないのはこのためです。利己心とは誤って使われたパワーなのです。

寛容な心を持った人は、いっさい他人に干渉することもなければ、主観だけで物事を判断することもありません。

エゴをすべて捨てさることで、自分自身の無限の自由を自覚しているので、他人のかぎりない自由を侵害することもありません。

他人の選択の自由の正当性と、かれらが思うままに自分のパワーを発揮する権利も理解しています。

また、たとえほかの人びとにどんな態度を取られようと、悩むことも苦しむこともありません。

他人が自由に自分の行ないを決めるのは、きわめて当然のことであり、そうすべきだと考えているからです。

他人に対して正しい態度を取り、相手の自分に対する態度をいっさい気にかけないことだけに、自分のパワーのすべてを振りむければいいことを知っているのです。

したがってその人のなかには、悪意や羨望《せんぼう》、中傷、嫉妬、非難、迫害といった言葉はもうありません。こうしたことを心に思うことも行なうこともないので、かりにだれかから投げつけられたとしても、心をかき乱されることがありません。

このように、罪悪から自由になることは、苦しみから自由になることです。

私心のない人は、どんなときも自由です。

罪悪のとらわれの鎖を永遠に断ちきり、あらゆる束縛から解きはなたれているということでしょう。

14

もっと自分らしく働き、気持ちも懐《ふところ》も豊かに！

LIGHT ON LIFE'S DIFFICULTIES

止まった瞬間、すべては腐りはじめる

「労働とは、生である」という原則には、真理が含まれています。ところがこの原則は、あまり口にされることも、吟味されることも、実践されることもありません。

労働はしばしばうんざりするものとか、道楽を手に入れるための低級な手段とさえ考えられ、その喜びに満ちた気高い本質は顧みられることがありません。

ここでは、この金言に含まれている教訓について真剣に考えてみましょう。


活動するということは、精神的なものであれ肉体的なものであれ、生きることとそのものです。

生の完全な休止は、すなわち死を意味し、死ねばすぐに腐敗がはじまります。つまり、**働かないことと死はとてもよく似ている**のです。

より活動すればするほど人生はいっそう豊かなものになっていきます。

頭脳労働者や独創的な思想家といった精神的な活動をたえず行なっている人は、もっとも長生きで、農業に従事している人や造園家といった、肉体的な活動をたえず行なっている人は、それに次いで長生きです。

「働きすぎ」という言葉はない

心の清らかな人や心の健全な人は、労働を愛し、喜んで働きます。

「働きすぎだ」と不平をいうことはけっしてありません。

健全で清らかな人生を送っている人が、働きすぎになることなどありえません。人をヘトヘトに消耗させるのは、気苦労や悪癖、不満、なかでも怠惰《たいだ》です。というのも、労働が「生」であるなら、怠惰は「死」にほかならないからです。**働きすぎだという前に、働くことへの罪悪感をまず捨てさるべき**でしょう。

世の中には、まるで仇《あだ》のように労働を嫌う人や、仕事のしすぎで体をこわすのではないかと心配する人がいます。

そんな人びとは、働くことがどれほど健康にいいかを知るべきです。またその一方で、労働を恥じ、避けるべき下等なもののように考えている人たちもいます。

清らかな心を持ち、健全な考え方のできる人は、労働をいやがることも、恥じることもありません。どんな仕事にも、敬意をもって取りくみます。

人生に不可欠である労働が、下等であるはずがありませんが、もし自分の仕事をそんなふうに考えているのだとしたら、その人はすでに自分の仕事によってではなく、自分自身のいやしい虚栄心のために、下等な人間に成りさがっているのです。

人は日々、心と体をきたえるよう定められている。
そして、それは人の尊厳にほかならない。

労働をいやがるなまけ者と労働を恥じるうぬぼれ屋は、いまはそうでなくても、いずれ必ず貧しさに苦しむことになります。

労働を愛する勤勉な人や労働に敬意を払う気高い人は、いまはそうでなくても、いずれ必ず豊かさに恵まれます。

なまけ者は貧しさと犯罪の種をまき、うぬぼれ屋は屈辱と恥の種をまき、勤勉な人は豊かさと美徳の種をまき、誇り高い労働者は勝利と名誉の種をまくのです。

種から育った行ないは、やがて、まいた本人が刈りとるのでしょう。

「めぐり合わせ」を活かせる人

多くの人が、できるだけ少ない努力で富を手に入れたいと望みますが、これは泥棒と同じことです。働かずに労働の成果を得ようとするのは、ほかのだれかの労働の成果を奪うことであり、同等の価値のものを渡さずにお金を得ようとするのは、他人のお金を奪うことにほかなりません。

こうした心のあり方を泥棒と呼ばないのなら、ほかになんと呼べばいいのでしょうか。

自分の仕事に喜びを感じましょう。仕事とその能力を持っていることを喜びましょう。骨身を惜しまず働くことで、この才能を高めましょう。

その仕事がどんなものであれ、それは気高いものです。そして、もしその仕事を気高い精神で成しとげるなら、世間の人びともまた、その仕事を気高いものだと考えるでしょう。

高潔な人というのは、運命のめぐり合わせで自分が果たすことになった、どんな仕事も見下すことはありません。

貧しいときでも誠実に辛抱強く、断固とした信念をもって働く人は、いつか必ずその労働が生みだす豊かさを味わうことができます。

そして、くじけそうなときでさえ、つねに幸福でいられるのです。

「なすべき仕事を見つけた人は幸福である。それに勝る幸福はない」のですから。

15

内面はこうして「外側」に現われる

LIGHT ON LIFE'S DIFFICULTIES

上品で美しいふるまい

獣から抜けでて、高みを目指そう、
内なる獣性を滅ぼして。

すべての文化は人間が持つ獣性からの脱却です。進化とは人を洗練させるプロセスであり、進化の法則が人間社会を本質的に支配しています。

教育とは、知性に関する文化のこと。

学者は自分の知性を洗練させて完璧なものにしようとし、宗教を敬虔《けいけん》に信じる者は自分の心を洗練させて完璧なものにしようとします。

人がより崇高な高みを目指し、自分の理想を実現しようとするとき、その人は自分自身の性質を磨きはじめます。**内面を清らかにすればするほどいっそう洗練され、ふるまいも上品で穏やかなものに変わっていきます。**

礼儀正しさは道徳的価値観を基礎としており、信仰心とは切っても切れない関係にあります。

無作法だということは人間的にも欠陥があるということであり、内面の欠点が外に現われたものにほかなりません。

その人の行ないは、その人自身を表わします。無作法にふるまう人は中身も無作法な人間なのであり、愚かにふるまう人は中身も愚かな人間なのであり、礼儀正しくふるまう人は内面も礼儀正しい人間なのです。

粗野で野蛮な外見の裏側に、温和で洗練された心が隠されていることなどありえません（ただし、このような人は、強烈な野性的魅力を持っていることがあります）。

外見は、その人の内面を表わすのです。

なぜ、外見を取りつくろってもダメなのか

釈迦が説いた、悟りを開くための「八正道《はっしょうどう》」の一つは、「正業」すなわち「正しい行ない」です。

つまり、他人に対して親切に礼儀正しく、寛大に接することができない人は、まだ敬虔な人生を歩んでいないということです。

心を洗練させればふるまいも洗練され、ふるまいを洗練させれば心もおのずと洗練されていきます。

下品で粗野でぶっきらぼうな態度は、動物にこそふさわしいかもしれませんが、忍耐強い社会の一員（より気高い人間はいうまでもなく）になりたいと願う人であれば、つい心をとらわれてしまう、そうした野蛮な特性をすみやかに一掃しなければなりません。

音楽や絵画、詩歌、作法といった精神性を高めるものはすべて、人を向上させます。獣性を見習えばみずから品位を落とすことになりますから、素朴と野蛮、上品と下品を取りちがえないようにしましょう。

他人への寛大さ、やさしさ、思いやりはいつも、その人の穏やかさ、礼儀正しさ、精神の気高さが外に現われたものです。

こうした美点を持っているかのように外見だけ取りつくろっても、けっしてうまくはいきません。

見せかけや偽善はすぐに露呈します。遅かれ早かれそうした人の軽薄さは見抜かれ、気づかないのは当人だけ、ということになるでしょう。

思想家のラルフ・ウォルド・エマソンはこう述べています。

「見栄のためになされた行ないは、見栄のためになされた行ないだとわかり、愛のためになされた行ないは、愛のためになされた行ないだとわかる」

「卵のゆで方」を逆にしてはいけない

育ちのよい子どもは、つねに自分の幸福よりも、他人の幸福を優先するようにしつけられます。

他人に最上の席、極上の果物、最高のごちそうを差しだし、どんなことでも、たとえそれがほんのささいなことであっても、正しいやり方で行なうように教えこまれます。

この二つ――無私の心と正しい行ない――は、礼儀正しさだけでなく、すべての道徳、信仰、真の生き方の基礎となるものです。

これらは、その人の人間としての力量を表わしています。

利己的な人は弱い人間であり、かしこく行動することができません。

無私無欲は、正しいものの考え方であり、礼儀正しさは、正しい行動の仕方なのです。

先述の思想家、エマソンはこういっています。

「卵をゆでるにしてもなんにしても、物事にはすべてやり方がある。作法とは、物事を正しく行なうための、好ましいやり方のことである」

道具は正しく使ってこそ、技と力が発揮される

崇高な人生とは、日常生活の雑事とはまったくかけ離れた理想的なものである。たとえ日常生活の雑事がおろそかになっても、それはもっとほかの「崇高な事柄」に心を砕いているからなのだ、という人がよくいます。

しかしそれは、心が正しく現実的で、強くなっているのではなく、邪悪で非現実的で、弱くなっている兆候なのです。

どんなに取るに足りないように見えることでも、行なうべきことには正しいやり方

があります。

正しいやり方で行なえば、摩擦や時間、問題が省かれ、自分のパワーを温存できるだけでなく、長所や技術、幸福を高めることができるのです。

職人は、仕事にさまざまな道具を使いますが、それぞれの道具には決まった用途があり、どんな場合であってもそれを混同してはいけないと教えられ、また自分の経験からも知っています。**すべての道具を、ふさわしい場所で、正しいやり方で使えば、最大限の技と力が発揮される**からです。

もし指導を拒み、自分の好きなように道具を使って仕事を覚えようとすると、いつまでたっても技術は身につかず、一人前になることはできません。

これと同じことが、人生全体についてもいえます。

もし心を開いて教えを受けいれ、物事の正しい行ない方を学べば、自分の思いと行動をコントロールできる力強く知的な人間になれるでしょう。

しかし、もし一時の感情に身を任せ、軽率に行動して教えをはねつけるなら、だらしのない人生を生きることになるのです。

“些事《さじ》”にこそ、心をこめる

孔子は、服装や食事、ふるまい、何気ない言葉といった、人生におけるささいな事柄すべてにも、きわめて重要な政務やみずからが説く高尚な道徳的信念と同じように、厳しく注意を払っていました。

孔子は弟子たちにいかなることであれ、**行なう必要のあるものを「取るに足りないもの」と考えるのは、いやしく愚かな心の表われ**であると教え、かしこい人というのは自分の務めすべてに留意し、どんなことでもじっくりよく考えて正しく行なうものだと説きました。

ナイフを使って料理を口に運んではいけないというのは、社会の意味のない決め事ではありません。

料理を切るためのナイフと、料理を口に運ぶためのフォークを混同するように、物事を誤ったやり方で、いい加減に行なうことは——それが、たとえささいなことであっても——、進化を妨げるどころか退化と混乱を招くことになるからです。

他人に対して薄情な思いを抱き、不親切な行ないを続けているかぎり天国には入れないというのも、この世を支配する横暴なルールではありません。

利己心は分裂と混乱をもたらすため、そうした人はたえず苦悩や不安にさいなまれることになるのです。

むしろ宇宙は、正確さと秩序によって支えられており、正しい行ないを人に求めています。

清らかな思いを抱き、穏やかに語り、礼儀正しくふるまい、人間性を名実ともに磨こうといつも努め、知恵を追究する人が、道に迷うことはありません。

16

あらゆる「戦い」から自由になるために

LIGHT ON LIFE'S DIFFICULTIES

他人に投げつけている「言葉のナイフ」

これまでの信仰から離れ、字義どおりの宗教的教義とは関係なく、独自に気高い人生を追究する人びとが、まず陥りがちなのが「高慢」という落とし穴です。

他人の「宗教」を攻撃し、「正統的な信仰」をまるで邪悪なものでもあるかのように中傷するのは、自分のなかに霊的な光が輝いているとあさはかにも思いこんでいる人びとによく見られることです。

凡庸な信仰と決別したからといって罪から決別できるわけではなく、それどころか、強烈な辛らつさと侮蔑《ぶべつ》の心から離れられないことが多いといえます。

意見を変えることと心を変えることとは、まったく別物です。宗教に忠実であるのをやめることよりも罪悪から身を引くことのほうが、いっそうむずかしいことなのです。

平凡でつまらない信仰よりも、憎しみやよけいな自信こそ避けるべきものです。他人の宗教を気にかけるよりも、自分自身の罪こそ嫌悪すべきなのです。

心の正しい人は、ほかの人よりも「自由な考え方をする」と自慢したり、「思想が高い水準にある」と思いこんだり、すでに自分が捨てさった字義どおりの信仰にしがみついている人びとを、独善的に侮辱したりすることなどけっしてありません。

他人に対して「狭量」「頑迷」「利己的」といった言葉を投げつけるということは、正しい知識に到達していないことの表われです。

こんなふうにいわれたい人など、一人としていません。

真に信心深い人は、自分がいわれて傷つくような言葉を、他人に投げつけることなどありません。

いかなる諍《いさか》いからも解放される

謙虚で、思いやりのある人間になろうとする人は、やがては真の知識に到達するでしょう。

謙虚になり、他人にやさしく接し、自分の無慈悲な思いや行ないを戒め、他人の過ちに対してはあわれみの心を持つように努めているうちに、この世を支配する法則が理解できるようになります。

そして、他人や他人の信仰のなかにある真実が見えるようになります。

真の知識に到達した人は、宗教が異なるとか古くさい信仰を信奉しているからといって、隣人を非難することはありません。

自分の信条に従って忠実に本分を果たし、隣人が果たしている本分についても、けっして干渉したり非難したりしない人びとが、世界をより完璧で平和なものへと導い

ていきます。宗教とはまた、そういうものでなければなりません。すべての異なる宗教のなかには永久不変の愛のパワーがあり、愛を持つ人だけがそこに加わることができます。

信仰の真の精神、くもりのない洞察力、深い慈悲の心を獲得した人は、いかなる争いや非難からも自由です。

自分の宗派（もし所属していれば）だけをあがめ、それだけが唯一正しいものだと証明しようとしたり、それ以外の宗派はすべてインチキだとけなしたりするのはもってのほかです。

誠実な人はうぬぼれたり、自分の功績を自慢したりしませんし、謙虚で慈悲深く、賢明な人もまた、自分の宗派がほかよりも優れているなどと自慢することはありません。

他人が尊重している信仰に難癖をつけて、自分の信仰を持ちあげようなどとは思いもよらないのです。

アショーカ王の「慈悲に満ちた教え」

こうした慈悲心の実践に関して、もっとも明確に気高く語られるのが、アショーカ王法勅《ほうちょく》です。

アショーカ王は、紀元前二、三世紀に生きていたインドの王であり聖者です。王の生涯は真理の普及に捧げられ、その信念が法勅のなかで美しく述べられています。そのなかにはこうあります。

「もっぱら自己の宗教を賞揚し、または他の宗教を非難してはならない(中略)。そうであるからこそ(各自は互いに)それぞれのやり方によってほかの宗教を尊敬すべきである。もしも(互いに)このようになすならば、みずからの宗教を増進させるとともに、他の宗教をも助けるのである。このようにしないときは、みずからの宗教を害《そこな》い、同時にほかの宗教を害する。なんとなれば、まったくみずからの宗教に対する熱烈な信仰により、『願わくは自分の宗教を輝かそう』と念じて、みずからの宗教をのみ賞揚し、あるいは他の宗教を非難する者は、こうするために、かえっていっそう強くみずからの宗教を害うのである」

なんと賢明で、気高い言葉でしょうか。

ここには、慈悲の心が満ちあふれています。この法勅は他人の宗教ではなく、自分自身の欠点を打ち破りたいと心から願う人びとによって定められたものなのでしょう。

一方で世の中には、**他人の信仰の「害悪」を暴くことが、自分の宗派の大義のためになるのだという、邪悪で根強い思いちがい**があります。

他人の宗派をけなし続ければ、それを信じる人すべてを宗旨替えさせ、やがて自分の宗派に取りこむことができるはずだとほくそ笑む人は、自分の宗派の評判を落とし、崩壊させているにすぎないのです。

人は他人を中傷するたびに、自分の人格や将来性に深い傷を負わせます。同じように、他人の宗派の悪口をいう人は、そのたびに自分の宗派を汚し、いやしめているのです。また、他人の信仰をつねに攻撃している人は、自分の信仰が攻撃されたときに、とても苦しむことになります。

自分の信仰を、邪悪なまやかしだと非難されたくなければ、他人の信仰も非難してはなりません。自分の信仰が称えられたり援助されたりしてうれしいなら、たとえ流儀が異なっていても、同様のよい考えを持っている他人の信仰もまた、称えたり援助したりするべきです。

そうすることで、宗派間の争いの誤解や不幸をまぬかれ、気高い慈悲心を身につけることができるでしょう。

人を踏みつけにしない

穏やかで慈悲深い心を持った人は、宗派間の争いや暴力、迫害の原因となってきた、盲目的な激情にけっしてとらわれることはありません。

その思いは、あわれみとやさしさに満ちあふれ、何者も見下さず、何者も嫌悪せず、敵意をあおることもありません。

穏やかさを身につけた人というのは、偉大なる法則をはっきりと理解することができるからです。

真に穏やかな人は、いかなる宗派や信仰にもよいところがあり、自分の宗派の利益になると考えるのです。

真理を追究する人は、対立や差別を避け、慈悲心を身につけるよう努めなければなりません。

慈悲心を持てば、中傷したり非難したりする必要はなくなります。

慈悲の心を持つ人は、他人の信仰を踏みつけにして自分の信仰を持ちあげようなどとはけっして考えません。

「まちがっているのはそっちだ」と思ったら

真実は、けっして矛盾することがありません。真実とは、正確で現実的で絶対的にたしかなものだからです。

では、宗教や宗派のあいだで争いが絶えないのはなぜでしょうか。

それは、誤認のせいなのです。

矛盾と争いは、誤認から生まれます。誤認は、あいまいで自己矛盾という性質を持っているからです。

もしキリスト教徒が「わたしの宗教は真実で、仏教は虚偽である」といい、仏教徒が「キリスト教は虚偽で、仏教は真実である」といったとしたら、大きな矛盾が生まれ、キリスト教と仏教はいずれも真実でも虚偽でもないことになってしまいます。

こうした矛盾は真実からは生じません。

そこで双方の宗教の信徒が、「そうか。どうやら矛盾というのは、誤認から生じるらしい。だが、誤っているのは相手と相手の宗教のほうで、わたしでもわたしの宗教でもない」と考えたとしたら、矛盾をいっそう強めるだけです。

こうした考え方から、大いなる誤認が生まれるのです。

では、真実はいったいどこにあるか。

互いに向けあっている心の態度こそが、誤認を引きおこしているのです。もしそんな心の態度をすっかりあらためて、敵意を善意に変えれば、矛盾することのない真実に気づくことでしょう。

「わたしの宗教は真実で、隣人の宗教は虚偽である」という人は、自分の信仰のなかに、まだ真実を見出していないのです。

自分の信仰のなかに真実を見出す人は、すべての宗教のなかにも真実があることが理解できるからです。

あらゆる宇宙の現象の背後にはただ一つの真理があるように、あらゆる宗教や宗派の背後にもまた、ただ一つの信仰があるのです。

なぜなら、すべての宗教には同じ道徳的教えがあり、すべての偉大なマスターたちがまったく同じことを説いているからです。

「存在しないもの」について争うバカバカしさ

「山上の説教（イエスが山上で説いた教え）」の教訓は、あらゆる宗教の教えのなかに見られます。こうした教訓が説く人生は、偉大なマスターたちやその多くの弟子たちによって実践されてきました。

というのも、真理とは清らかな心で清廉潔白な人生を送ることであり、一連の教義や見解のことではないからです。

すべての宗教が、清らかな心、清廉潔白な生き方、思いやり、愛、そして善意を説き、よい行ないを心がけ、利己心や罪悪を捨てさるように教えます。

こうした物事は、教義でも神学上の理論でも見解でもありません。これらは、人が自然となすべきこと、実践すべきこと、そのように生きるべきことなのです。

これに異論を唱える人がいないのは、どの宗派も認める真理だからです。

では、宗派間で異なっているのはなんでしょうか。

それは、見解であり、憶測であり、神学上の理論です。

人が意見を異にするのは実在するものではなく、想像上のものに対してです。

かれらが争っているのは、誤ったものの見方についてであり、真実についてではありません。

どんな信仰（そして宗教）も、同胞と争うのをやめ、相手に対して善意と愛を持たなければ、真理について何も学ぶことはできません。

隣人の信仰を虚偽だと決めつけ、なんとしてもその信仰を傷つけ、打倒しなければならないと思いこんでいるかぎり、他人に対する善意と愛など持てるはずがありません。

相手のほうこそまずまっさきに心を改め、善意と愛を示すべきだと思っているような人は、他人に対して善意の行動を取ることはできないのです。

このひと言で「非難の炎」は消えていく

真実は、いつ、どこにあっても、つねに真実です。敬虔なキリスト教徒と、敬虔な仏教徒のあいだに違いはありません。

清らかな心と、信心深い生き方と、気高い志と、真理への愛は、キリスト教徒にも仏教徒にもあります。

仏教徒の善行もキリスト教徒の善行も、まったく同じです。

悪い思いや行ないに対して罪悪感を抱いたり、悲しんだり、良心の呵責《かしやく》を感じたりするのもキリスト教徒だけではなく、すべての宗教の信徒たちも同様です。

どの宗教も、同じ基本的な真理を説いているのですが、こうした真理を実践するのではなく、知識と経験の枠外にある事柄に関して意見や憶測を戦わせ、自分の憶測だけを擁護《ようご》し、世間に広めようとするために、人びとは対立して互いに争うのです。

非難は、迫害のはじまりです。

「わたしが正しくて、あなたはまちがっている」という考えは憎しみを生みだす種で、ここからスペインの異端審問も育ちました。

宇宙の真理を発見したいと望む人は、エゴを放棄し、非難の心が燃やす悪しき炎を消しさらなければなりません。

「わたし以外は、みんなまちがっている」という有害な考えを心から取りのぞき、「まちがっているのは、わたしである」という謙虚な考えを持ちましょう。

こうしてすべての人びとに対して慈悲の心を持って生きることで、すべての人びとと和合することができます。

誤認と利己心は対立を生みだすだけ。

真理と信仰こそがわたしたちを一つにしてくれることを理解すれば、宇宙の真理と永遠の信仰を手に入れることができます。

17

成功者は「奇跡」を待たない

LIGHT ON LIFE'S DIFFICULTIES

「未熟な心」から抜けだす

この世の驚異的なものに引かれてしまう心は人間性の一つの要素ですが、これは激情や欲望などと同じように、抑制し管理し、最終的にはあり方を変えていく必要があるでしょう。迷信にとらわれ、理性や洞察力をにぶらせてはいけません。

「奇跡」を期待する心は、永久不変の法則を理解する前に、克服しておきましょう。そうすれば、法則の知識がもたらしてくれる、心の安らぎとたしかな安心感を受けとることができるのです。

子どもがやがて大人になり、未熟さから抜けだし、周囲の自然現象をより正確に理

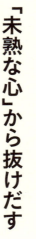

解できるようになり、精神的にも十分に成長し、自分の心のあつかい方にもずっと慣れると、人は幼稚な世界観から卒業します。

それと同じように、この世を支配する法則について知り、一定不変の原則に従って自分の人生を生きることを覚えましょう。

それは貪欲さと虚栄心

法則は普遍的で、永久不変のもの。

解明されるのを待ちかまえている膨大な知識よりも、「原因」と「結果」の法則のほうがどんなときも優先されます。

新しい発見があるたびに、真理が明らかにされるたびに、法則の美しさや安定性、優位性にいっそう気づかされます。宇宙を動かしている法則がつねに変わらないからこそ、人はその法則を発見し、理解し、従うことができるのです。

法則に従って生きることは安定した人生の土台であり、大きな希望と喜びの土台でもあります。

「奇跡を期待する」という考え方はこの法則を真っ向から否定することであり、独断的で気まぐれな力が姿を変えたものにすぎません。

偉大なマスターの生涯には、多くの感動的な奇跡の物語がちりばめられていますが、そうしたものはすべてかれら自身ではなく、心の未熟な人びとによって広められたもの。

老子は、宇宙の原理、道《どう》を説きましたが、いかなる奇跡も認めていません。にもかかわらず、道教は堕落し、迷信の寄せあつめとしか思えないような、超自然的な内容を取りいれています。

仏教でさえ、状況は同じです。かつて釈迦はこういいました。

「この世のすべてを支配するのは、因果の法則（「原因」と「結果」の法則）である。したがって、奇跡を起こそうとする弟子はこの教えを理解していない。奇跡を起こしたいという欲望は、貪欲さや虚栄心から起こるのだ」

しかし今日、仏教においても、釈迦にまつわる多くの奇跡が伝えられています。弟子たちによって神の化身だとされていた、ラーマクリシュナ（ヒンドゥー教の思想家。一八八六年没）が生きていたときでさえ、多くの奇跡を起こしたと信じられ、それは現在にいたっています。

しかし、インド学者のマックス・ミュラーによれば、こうした奇跡にはまったく根拠がなく、ラーマクリシュナ自身も一笑に付していたということです。

達人は静かに歩む

人がより正しい知識を持つようになると、奇跡は信仰から消しさられ、法則の整然とした美しさや、法則に従うことがどれほど道徳的に偉大かということに気づくでしょう。

奇跡や霊的な驚異を起こそうとしたり、目に見えない超自然的な存在を見たいと望んだり、「マスター」に憧れたりしない人は、真理をはっきりと理解し、このうえなく気高い人生を送ることができるでしょう。

物事に対する子どもじみた世界観を、物事に関する知識に置きかえなければなりません。

虚栄心があるかぎり、謙虚な心が求められる真理の道へは、けっして入ることはできません。一方で**真理の道を歩んでいる人は、やさしさと忍耐、愛情深い心を持つように努めています。**

真の達人であるしるしは、奇跡を起こすことではなく、ゆるぎない忍耐、かぎりない思いやり、澄みきった清らかさ、そしてすべての人と調和できる穏やかな心を持っていることなのです。

18

穏《おだ》やかな人生を引き寄せる法

Light on Life's Difficulties

心のなかで戦争を望んでいないか

戦争は、内面の争いから生じます。

「心の戦争」のほうが実際の戦争より先立つのです。内面の精神的調和が、対立や争いによって破壊されると、戦争という形になって外に現われます。

心の調和が回復しないかぎり、内面の戦争も実際の戦争も終わることはありません。

戦争は侵略と抵抗から成りたち、戦争がはじまったら最後、双方の戦士は侵略者と抵抗者になります。こうして、**攻撃的な手段で戦争を終わらせようとする努力が、戦争を生みだす**のです。

以前、「戦争には、ぜったい反対です」といった人がいましたが、そうした心のあり方こそが戦争を起こし、助長していることに気づきましょう。

戦争に敵対することは、戦争を引きおこすことであり、平和のために戦うことなど、ありえません。争いというものはすべて、平和を滅ぼすものだからです。

相手を非難し、攻撃することで、戦争を終わらせようと考えるのも、また同様です。それはまるで、わらを投げ入れて、火を消そうとしているようなものでしょう。

「ここへきて、休息してはどうでしょう」

真に平和的な人は、争いに抵抗せず、平和を実践します。

どちらか一方の味方について、攻撃したり防御したりしている人の心のなかは、つねに戦争状態ですが、まさにこういう人が戦争を起こしているのです。

心にまだ平和が訪れていないために、平和がなんであるかさえわからないのでしょう。

真に平和的な人は、口論や派閥争いに傾く思いを放棄し、他人を攻撃することも自分の立場を弁護することもなく、その心はあらゆるものに対して平和的です。

こうした人はすでに、心のなかに平和の国の基礎を築いており、全人類をつないで平和を保ち、いかなる状況にあっても平和の精神を実践しているのです。

平和の精神とはじつに美しいものであり、「ここへきて、休息してはどうでしょう」と告げてくれます。

ゆるぎない平和を心に築きたいと願う人は、口論や反目、派閥争いといったものを永久に捨てさらなければなりません。

戦争は、一人ひとりが激しい感情に支配されているかぎり、けっして終わることはありません。内面の暴動を鎮めたとき、はじめて外側の恐怖も終わるのです。

利己心こそが巨大な敵であり、すべての争いのもとであり、多くの悲しみを生みだすもとです。

もし世界に平和をもたらしたいと思うなら、エゴを克服し、激しい感情を抑制し、自分自身を征服しなければなりません。

19

人の役に立てる人、立てない人

LIGHT ON LIFE'S DIFFICULTIES

すべては、まず身近な人から

「人類同胞主義」に関する書物や教えは、数多くあります。これはさまざまな団体が新たにつくられるたびに、主要な信条として採用されてきました。

しかし、それよりもまず必要なのは、身近な人びととのあいだの友愛でしょう。

つまり、寛大で慈悲深く、やさしさにあふれた精神で身近な人に接することを、主要な信条とすべきなのです。

自分に反対したり攻撃したりしてくる人に対しても、意見を同じくする人びとに対するのと同じように好意的に接することです。

こうしたことが実践されてからでなければ、「人類同胞主義」をいくら唱えても意味がありません。

人類同胞主義とは大きな目的であり、身近な人びとへの友愛という一つひとつの手段によって、やがて成しとげられるものだからです。

人類同胞主義は崇高で達成のむずかしいものですが、身近な人びとへの友愛によって実現されていくでしょう。

なぜか、近しい人ほど攻撃してしまう

以前、人類同胞主義について大きく取りあげた新聞記事を読んだことがあります。

このテーマをあつかったトップ記事は、分量も多く内容もすばらしいものでした。

ところが、数ページめくったところに、同じ執筆者による別の記事を見つけました。

その記事のなかで執筆者は、根も葉もないうわさを流すとか嘘をつくとか、利己的

であるといった理由で、少なくともこうした罪悪とは無縁だと考えられている自分と同じ団体の同胞を非難していたのです。

執筆者は、人類同胞主義に関する記事のなかで、こう問いかけていました。

「いつも目にする同胞を愛さないで、どうして目に見えない神を愛することができるだろうか」

もしそうだとするならば、**見知った同胞を愛さないで、どうして信条も国も異なる見知らぬ人びとを愛せるのか。**

人類同胞主義について記事を書くのと、親類や隣人と仲よく暮らしたり、善をもって悪に報いたりすることとは、まったく別の話なのです。

人類同胞主義を広めようと努めながら、心のなかにねたみや恨み、憤りや悪意、憎しみの火花を散らしているのは、自己欺瞞にほかなりません。

こうして**人間はいつも自分たちが言葉で賛美したものを、みずからの行動によって、妨げ、否定する**のです。

このような自己欺瞞はとても微妙で見えにくいもので、愛と知恵が高いレベルに達していないかぎり、つねに陥る危険があります。

このたった一点だけで避けていないか

人類同胞主義が実現されないのは、人それぞれ意見が異なるからでも、宗教が異なるからでも、ものの見方が異なるからでもありません。

それは、世の中に悪意がはびこっているせいなのです。

「自分と違っている」という理由から、人は他人を憎んだり、避けたり、非難したりします。

人類同胞主義という大義のために、わたしたちが口にしたり行なったりすることすべてがつまずきの原因になり、志へのあざけりとなり、全人類に対する茶番劇になるのです。

だからこそ、すべての憎しみと悪意を心から取りのぞき、そのあとを身近な人びとへの善意で満たしましょう。

自分を憎んでいる人びとを愛し、自分自身や、自分たちの信じる宗教を非難する人びとを、寛大に受けとめましょう。

もっとも必要とされている場所で愛することを実践し、人類同胞主義への最初の一歩を踏みだしてください。これができるようになれば、人類同胞主義の実現もそう遠い先のことではなくなるでしょう。

20

こんな「悲しみ」が、人物を大きくする

LIGHT ON LIFE'S DIFFICULTIES

大きな波を乗りこえると、見ちがえるほど強くなれる

この世は、悲しみに満ちあふれている——これは、人生に関する偉大な事実の一つです。

悲嘆や苦悩はだれの心にも訪れるものであり、いまは浮かれ騒ぎ、快楽にふけっている人びとも、明日になれば悲嘆に暮れることになるかもしれないのです。

ある日突然、すばやく音もなく、正確に悲しみの痛烈な矢が人の心を射抜くと、喜びは消しさられ、希望は崩れおち、世俗的な計画や将来への展望は、粉々に打ち砕かれてしまいます。

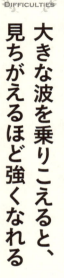

そうなると、辱《はずかし》められ、打ちひしがれた魂は思いに沈み、人生の隠された意味へと強く引き寄せられていくのです。

悲しみのどん底にあるとき、人は真理にもっとも近いところにいます。

それは長年にわたって築きあげてきた希望が一瞬のうちに、まるでおもちゃの城のように崩れおち、すべての世俗的な快楽が小さな泡のように弾けさるときです。

打ち砕かれた魂が途方に暮れ、不運にもまれ、身を寄せる場所もなく、ただ、永遠なるものと不変の安らぎを求めて、苦悩のなかを手探りで進むことになるのです。

「不幸」が「幸運」に一転するとき

「悲しむ人びとは、幸いである」と、西洋の偉大なマスターはいいました。そして、東洋の偉大なマスターは、「大きな苦しみのあるところには、大きな喜びがある」と断言しました。

いずれの言葉も、悲しみは教訓であり、その人を清めてくれるものであるという真理を表わしています。

悲しみは人生の終わりではなく——結果的には、世俗的な人生の終わりではありますが——、道に迷った魂を安全で平穏な場所へと導いてくれます。

悲しみの終わりには、喜びと心の安らぎが待っています。強い信念を持って、真理を探しもとめましょう。断固とした態度で、利己心と激情に立ちむかいましょう。

悲しみの季節は、人生のほんの一時期、あなたに与えられた試練なのです。

利己心がごくわずかでも残っているあいだは、罪の誘惑が襲いかかるかもしれません。そして、妄想のベールが、心の目を覆いかくし、悲しみと不安を引きおこすでしょう。

しかし、魂に垂れこめる陰うつな雲の暗さを自分のものとして引きうけたら、勇気をもって通りぬけ、その向こうにある晴れわたった明るさのなかに飛びだしましょう。

自分に属さないものが、自分を襲うことなどけっしてありません。詩人もこう詠《うた》っています。

いつであろうと、どこにいようと、海の底だろうと、空の彼方だろうと、わたしのものは、つねにわたしとともにある。

人生の明るい部分だけが、その人のものなのではありません。人生の暗い部分もまた、その人のなかにあるものなのです。

黙って、だれも責めずに

困難と苦悩があなたを覆いつくし、何もかもうまくいかず、友人には見捨てられ、尊敬を受けていた人からは糾弾《きゅうだん》され、愛しい人のやわらかく温かなくちづけも、一人悲しみに沈むあなたをあざ笑うばかり。

昨日までは、愛する人のやさしい心が詰まっていた美しい小箱が、いまでは冷たい泥の棺《ひつぎ》に変わりはて、あなたはそこに葬られ、ただ虚しく横たわる――。

こうした出来事に襲われるときは、苦悩の杯を飲みほさなければなりません。それも、黙って、ひと言も不平をいわずに。

重苦しい暗闇と凄まじい苦悩のなかにあるときには、どんな祈りも救いにはならず、神にどれほど懇願しても心に安らぎが訪れることはありませんが、信念と忍耐だけが、大きな苦難を辛抱強く、勇敢に耐えぬく力を与えてくれます。

不平をいわず、だれも責めず、ただ自分自身の試練として受けとめなければなりません。

「古い自分」からの脱皮

悲しみのどん底にあるとき、人は弱り、疲れはて、無力感に打ちのめされています。神に助けを求めても、なんのなぐさめも安堵も得られません。

そうやって**人は悲しみのつらさと、祈りだけに頼ることの限界を知り、古い自己を捨てる道へと分けいっていく**のです。

そこで心を清め、自制を学び、精神を鍛え、自制心から生まれる気高くゆるぎない力を身につけるのです。

やがて、悲しみの原因が自分のなかにあることを知り、それを取りのぞくことができるでしょう。

自立して生きていくことを学んだからには、もはや、だれかにあわれみをかけてもらおうとするのではなく、すべての人に対して思いやりを示すことができるようになります。

軽率に罪を犯したり、自責の念に駆られたりすることもなくなり、罪を犯さないですむ方法を身につけます。

数えきれない挫折によって謙虚さを知り、多くの苦悩によって鍛えられたので、だれに対しても清廉潔白に穏やかに、力強くやさしく誠実に、あわれみ深くかしこくふるまうことができるようになるでしょう。

このようにして、人は悲しみを徐々に乗りこえながら、少しずつ真理へと近づき、不変の心の平安の意味を知るのです。

その心の目は開かれ、宇宙の法則をしっかりと理解するでしょう。そして、法則の恵みを受けて、このうえない喜びを手にするのです。

すぐ手の届くところにあるもの

宇宙の真の秩序を理解すれば、もはや悲しむ必要はなくなります。つかのまの快楽にしがみつき、ささいな失望や不満を苦にしている偏狭な自我は、粉々になって消えさります。

そのあとには、真理というより大きな命が、幸福と平和を連れて、心のなかに入ってきます。

普遍的で大いなる意志が、捨てさった自我に取ってかわるのです。そうなると、人の心に慈悲があふれてきます。

利己心を放棄し、すべての人びとに愛を注ぐようになると、悲しみは真理のこのうえない喜びのなかに包まれていきます。

このような避けがたい悲しみにすっかり落ちこんでしまったときや、自分の悪い思いや行ないによってもたらされた苦い結果を刈りとり、味わわなければならなくなったときにこそ、すべての苦しむ人びとへの気高い思いやりが生まれるのです。

それが傷をいやし、涙を乾かしてくれるでしょう。そして再び、新たなすばらしい人生を歩みはじめることができます。そんな人生には、もはや悲しみのつけ入る余地はありません。なぜなら、そこにはもう、利己心は存在していないからです。

苦しい試練のあと、悲しみを経て悲しみから解放され、人は美しく変容します。もはや、賢明な人は悲しみません。

このことをよく覚えておきましょう――**罪と悲しみに打ちひしがれているときこそ、そこに真理の世界が待っている**のです。

罪のあがないは、すぐ手の届くところにあると覚えておきましょう。悩み苦しむ人は心の安らぎを得、心の汚れた人は清らかさを手に入れ、失意の底にある人はいやされ、意志の弱い人には強さが与えられ、虐《しいた》げられた人は賞賛されるということを。

21

「現状維持」を選んではいけない

LIGHT ON LIFE'S DIFFICULTIES

今日一日の「レベルアップ」

物事が低いレベルから高いレベルへ、高いレベルからさらに高いレベルへと上昇するのは、普遍的な事実です。

生き物が経験し、その経験によって知識を獲得し、知恵を身につけていくのも当たり前のことです。

進化とは永遠に変化し続けることですが、それは目的のある変化であり、成長を伴うものです。異なる法則のもとに生きている生き物から、まったく新しい生き物をつくり出すことではありません。

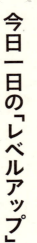

進化とは、経験と変化によって生き物を修正することであり、その修正こそが進歩にほかなりません。変化という事実は、つねにわたしたちの目の前にあって、何者もそこから逃れることはできません。

植物も動物も人間も、発生し、成熟し、そして朽《く》ちはてます。無限の宇宙のなかを回転している、壮大な星々やその世界さえ、数百万年単位の寿命ではあっても、数えきれないほどの変化を経験したあと、いつかは崩壊し、消滅するのです。

いかなる生き物も物質も、永遠に変化しないものなどありません。こうして話しているあいだにも、それらは変化し続けているのです。

変化にはまた、悲しみや苦しみが伴います。

人は離れてしまったものや、永久に失ってしまったものを嘆きますが、実際には、変化はよいことです。それによって、あらゆる達成や進歩、理想が可能になるのですから。

物質と同じように、心もまた変化します。すべての経験や思い、行ないが、人を変化させます。老人は、かれらが子どもや若者だったころとは、まったく違っています。

永遠に固定された不変の存在というものは、この世にはなく、そうした存在を仮定することはできても、それはあくまで仮定にすぎないのです。

永久不変の存在は、人間の観察と知識がおよぶ範囲にはありません。

変化しない存在というのは、進歩しないもののことなのです。

道は「ど真ん中」を進め！

「人は、永遠に清らかで不変で、完全な魂を持つ存在である。したがって、罪深く、苦悩に満ち、変化する人は幻影である」という考え方があります。

つまり、人間とは神聖な魂そのものであり、後者のような人間は実体のない存在である、というわけです。

これに対して、「人は永久に不完全であり、清らかな心などけっして手に入れることはできない。したがって、人が完全な存在になれるというのは、ただの幻想にすぎない」という考えを主張する人もいます。

こうした両極端の考えは、人間の経験に基づいたものではありません。いずれも、人生の事実を否定する立場に立ったあやふやな形而上的な意見です。

こうした極論の支持者は、人生のもっとも日常的な事実さえも否定します。かれらは仮定されたことが真実であり、人生の事実は虚偽だと主張するのです。

こうした極論を避け、その中道を行くのがもっとも賢明です。自分または他人の意見、憶測を避け、人生の事実に目を向けましょう。

人は生まれ、成長し、年をとる。罪を犯し、病気になり、死んでいく。悲しみ、苦しみ、夢を描き、喜ぶ――**そうやって生きながら、より清らかな心に思いこがれ、完全な存在になろうと努力する**のです。

こうした人間の営みは、見解でも憶測でも形而上学でもなく、普遍的な事実なのです。

もし人がすでに完璧で修正の余地がなかったとしたら、道徳的教えのすべては無意味でバカげたものになってしまいます。

それに、完全な存在であれば、幻想や実体のないものに支配されることなどありえません。

これとは反対に、もし人が清らかになることも、完全な存在になることもできないのだとしたら、胸に抱く志も努力もムダなものということになります。

こうした考えは実際のところ、侮辱的だとさえいえるでしょう。というのも、高徳な人びとの神々しい完璧さをいやしめ、否定しているからです。

この世界には、罪悪や悲しみ、苦悩が渦巻いていますが、偉大なマスターたちの人生が、罪悪や悲しみから解きはなたれた気高いものだということも知っています。

これによって、**人は不完全な存在ではあっても、完全な存在になれる可能性を持ち、そう運命づけられているの**だということがわかるのです。

気高い心のあり方を熱望すれば、それを手に入れることができるでしょう。

心から望んでいるという事実が、望む結果を引き寄せるのです。たとえ、すでに完璧さを達成している偉大なマスターたちは、そうでなかったとしても、です。

人は、実体を持った完全な存在と、実体のない不完全な存在が、一つになったものではありません。

人は実体を持った存在であり、その経験もまた、実体的なものです。そして、人が不完全なのは明らかであり、だからこそ、進歩と向上が不可欠なのです。

人生の現実は、その抽象性にもかかわらず、人に変化と進歩を要求します。くり返しますが、だれも変化と進歩の法則からは逃れられません。

「人間は永遠に清らかで、完全な存在である」と主張する人は、過ちや欠点、病気、死といったことについて、語るべきではありません。

にもかかわらず、そうしたものは対処すべき事柄だとしているのです。理屈では否定しながら、実際面では習慣的に認めているのです。

また、「人間は、けっして完全な存在にはなれない」と主張する人は、大志を抱いたり、努力したりすることはないはずです。にもかかわらず、その人は自制し、完璧さを目指して、たゆみない努力を続けているのはどういうことでしょうか。

やがて見えてくる「真理の国」とは

仮説にこだわったところで、人間は運命をまぬかれることはできません。病気や、老いや、死には実体がないと説くマスターも、やがては病気になり、年を取り、死んでいくでしょう。

変化は避けられないだけではありません。それは、不変の法則でもあります。変化がなければ、あらゆるものが永遠に同じ状態のままということになり、成長も進歩も存在しないことになってしまうからです。

すべての生命が努力奮闘するのは、それによって完全な存在になれるからです。すべての人間が将来への夢を抱くのは、もっと向上しようとしている証拠です。**希望、理想、道徳的目標といったものは、人の不完全さを表わす一方で、人はいつの日にか完全な存在になれることを、はっきりと示している**のです。

そうしたものは、不必要なものでも無意味なものでもなく、人生に最初から織りこまれている、宇宙のとても重要な本質なのです。

何を信じようと信じまいと、どんな仮説に執着しようとしまいと、ただ一つたしかなことは、人は人生の流れのなかにいるということです。

だからこそ、考え、行動しなければならないのです。

考え、行動することは、経験することです。そして経験することは、変化し、成長することなのです。

罪を意識しているということは、清らかになれる証拠です。

悪を嫌悪しているということは、善良になれる証拠です。

過ちの荒野を放浪しているということは、疑いなく、やがては美しい真理の国へとたどり着けるという証拠なのです。

22

「変化の嵐」を乗りこえる

LIGHT ON LIFE'S DIFFICULTIES

「しがみつかない」練習

時に、この世の無常について深く真剣に考えてみると、万物は消えさる運命にあることにあらためて気づくことでしょう。

実際、こうしているあいだにも、少しずつ消えさろうとしているのです。

この世のはかなさについて思いをめぐらすと、心がやさしくなり、理解が深まり、人生の神聖な本質をよりいっそう意識できるようになります。

「これは明日になっても、わたしのものだ」といったりしますが、過ぎさらないものなど、どこにもありません。

人の心さえ、つねに変化しています。古い人格が死に、それに代わって新しい人格が形成されます。この世にあっては、すべてのものが死んでいきます。生き残れるものは、何ひとつありません。**いかなるものも同じ状態を保持し続けることはできない**のです。

万物はこの世に現われ、そして消えていきます。すべては生まれ、そして死んでいくのです。

古代の哲人たちは、無常が真の実在と正反対のものであることから、目に見える世界は「マーヤー」、つまり「幻影」であると断言しました。

変化と崩壊は、目に見えるものの本質であり、永遠に消えてなくなるということは、そもそも実在しないもの、つまり幻影であるというのです。

「はかないものへの執着心」を手放す

真理の領域に達しようとする人は、万物はすべて無常であるという事実にまずはっきりと気づかなければなりません。

そして、自分の財産や肉体、喜び、喜びをもたらしてくれるものすべてを、永久に保持できるという思いちがいを捨てなければなりません。

花が色あせ、木の葉が散って枯れていくように、そうしたものはすべて時がくれば、永久に消えさってしまうからです。

無常という真理を知ることは、知恵の獲得へと大きく前進することです。

というのも、それを完全に理解すれば、その教訓は心の奥底に染みこみ、すべての悲しみの原因である「はかないものへの執着心」を手放すことになるからです。

この世には、苦悩が満ちています。それは、人がみな滅びゆくものの獲得に心を注いでいるからであり、かりに手に入れられたにしても、永久に所有し続けることのできないものを所有したいと渇望するからです。

移ろいやすいものにしがみつくのをやめれば、消えさらない悲しみはなくなりますし、はかないものへの執着心を捨てされば苦悩も消えていきます。

いまこの瞬間にも、幾万もの悲嘆に暮れた心が、愛すべき所有物が永久に失われたことを嘆き悲しんでいるようですが。

不安につきまとわれないために

人はゆっくりと、経験から学び、知恵を身につけていきます。

しかし、はかないものに執着している人は、悲しみから逃れることはできません。

悲しみの大きさは、どれだけ移ろいやすいものに執着しているかによって決まります。

滅びゆくものに心を注ぐ人は、嘆きや悲しみと好き好んでつき合っているといえるでしょう。

ものにしがみつくのをやめない人びとは、知恵を獲得することはできません。こうした人びとは、はかないものにしがみつけば幸福が得られると信じているのですが、かれらはつねに不安につきまとわれ、平和な人生を歩むことができません。

というのも、欲望は押さえこむことがむずかしく、欲望を満たすことで得られるつかのまの快楽は、永続的な喜びのように錯覚されやすいからです。

世の中が悲しみで満ちているのは、物事の真の秩序が理解されていないためであって、**この世の無常に気づいていないことが、悲しみをもたらす原因**なのです。

移ろいやすいものを保持したいという抑えがたい欲望が心に生まれるとき、激しい苦悩が人生に生まれます。

物事をありのままに見つめ、この世の無常を知り、滅びゆくものから心を引きはなしたとき、悲しみは終わるのです。はかないものそれ自体を溺愛しなければ、かりに失っても、悲しむことはありません。

もう「お金のこと」なんかで悩まない

もし裕福な人がこんなふうに思ったとしたらどうでしょう。

「わたしの富や財産は、わたしの一部ではないし、わたしのものでもない。あの世からお迎えがきたら、いっしょに持っていくこともできない。それは、正しく使うようにとわたしに託されたものなのだ。だからわたしは、世の中のためにできるかぎりこの富を活用しようと思う」

このような人は、多くのぜいたく品やお金に囲まれてはいても、悲しみを超越して、真理に近づくことができるでしょう。

その一方で、もし貧しい人が、**富や財産をむやみに欲しがったりしなければ、貧しいことで苦しんだり、不安になったりすることはない**のです。

人生を正しく理解し、執着心を手放し、移ろいやすいものを適切に利用し、清らかな心を持ち、あらゆる欲望から自由な人は、変化の嵐のなかにあっても、穏やかで落ちついています。そんな人こそ、真理に到達することができるのです。

真理とはなんであるかについて、ここで説明するつもりはありません。

それは、**心のなかにある、愛や思いやり、知恵、清らかさとは無縁のものを捨てたときにだけ、知ることができるもの**、というにとどめておきましょう。

愛、思いやり、知恵、清らかさといったもののなかには、はかなさや悲しみ、不安の要素はまったく存在しないのです。

この世の無常を十分に理解し、そこに含まれる教訓をしっかりと学んだとき、人は不変の真理を求めて旅立ちます。

そして、悲しみの源である利己的な要素を、心の底から手放すのです。

真理を尊び、知恵に従って人生を形づくっていく人は、永遠の喜びを見つけることでしょう。嘆きの国をあとにして、広大な幻の海を渡り、悲しみのない岸辺にたどり着くのです。

23

けっして消えることのない光

LIGHT ON LIFE'S DIFFICULTIES

「心のよりどころ」を手に入れる人

日々の生活に追われながら真理を追究しようとする人は、多くの矛盾する意見や仮説のなかで、どこへ進めば永遠の心の平安にたどり着けるのかわからずに、途方に暮れています。

変化することの不安や悲しみから逃れ、人はどこに心のよりどころを見出せばいいのでしょうか。

心の平和は、快楽のなかにあるのでしょうか。

快楽には快楽の役割があり、その役割を果たしている分については、まったく問題ありませんが、快楽が目的や逃げ場になったとき、それは人になんの保護も与えてはくれません。ただ、人生の苦悩が深まるだけです。

快楽ほどはかなく、また、うたかたの存在に満足感を求める心ほど虚しいものはなく、したがって快楽に救いを求めるのはムダなことなのです。

では、富や世俗的な成功はどうでしょうか。そこに人の幸福はあるのでしょうか。

富や世俗的な成功にもそれぞれ役割がありますが、それは不安定で、あてにならないものです。

ですから、そうしたものを利己的な気持ちから追究すれば、不安や心配事に悩まされることになります。

一時的なものでしかない成功や財産のうえに、逆境の嵐が吹きあれでもすれば、またたくまに途方に暮れてしまうでしょう。

しかし、たとえ一生持ち続けたにしても、そうしたものが死の間際にどれほどの充足感を与えてくれるというのでしょうか。くり返しますが、富や世俗的な成功に救いを求めるのは、ムダなことなのです。

では、健康はどうでしょうか。健康にも役割があり、ムダにしたり、おろそかにしたりしてはいけないものです。しかし、それは、やがては朽ちはてる肉体に属するものであり、はかないものにすぎません。

たとえ百歳まで健康を維持できたにしても、人はいつか衰え、衰弱し、死んでいくのです。したがって、健康に救いを求めてもムダなことなのです。

では、愛する人びとのなかに、心の平和を見出すことはできるでしょうか。

愛する人びとは、人生のなかで重要な位置を占めています。かれらを愛し、慈しみ、相手の欲求を優先することで、結果的に利己心を捨てさり、真理へ到達することができるかもしれません。

しかし、愛する人びともやがては去っていき、一人寂しく取りのこされる日が訪れるのです。したがって、愛する人びとに救いを求めるのも、ムダなことだといえるでしょう。

では、聖書やそのほかの聖典についてはどうでしょうか。

聖書は重要な役割をになっており、手引書としては優れたものですが、そこになぐさめを求めることはできません。たとえ聖書をすべて暗記したからといって、心の葛藤や不安が解決することはありません。

それに、人の考えだした理論というものは、つねに変化し続け、ありとあらゆる解釈が可能です。したがって、聖書に救いを求めてもムダなことなのです。

では、マスターのなかに心の平和を見つけることはできるでしょうか。

マスターもまた、重要な役割を果たしており、人びとを教育するというりっぱな奉仕をしています。しかし、マスターの数はおびただしく、それぞれに考えも異なっています。

たとえ真理を説いていると信じて特定のマスターを慕ったにしても、いつかはその信頼も崩れさることでしょう。したがって、マスターに救いを求めることもムダだといえるのです。

では、孤独はどうでしょうか。孤独はすばらしいものであり、人にとって必要なものです。しかし、それを永遠の慰安として求める人は、砂漠で、のどの渇きをいやす水が得られずに死んでいく人に似ています。

群集や都市の喧騒からは逃れられても、自分自身や心の不安からは逃れられません。したがって、孤独に救いを求めてもムダだということになります。

人間が最後にたどり着く知恵

それでは、もし快楽にも、成功にも、健康にも、家族や友人にも、聖書にも、マスターにも、孤独にも、救いを求めることができないとしたら、いったいどこに永遠の心の平和を見出せばいいのでしょうか。

それは「正義」です。正義にこそ救いを求めましょう。

そして、清らかな心の聖域に飛びこみましょう。**汚れのない人生の道を辛抱強く歩み続け、自分の心のなかにある「永遠の真理」という寺院にたどり着く**のです。

真理に救いを見出した人は、理解と愛にあふれたゆるぎない心を手に入れます。

そして、うれしいときも苦しいときも、富めるときも貧しいときも、成功したときも失敗したときも、健康なときも病めるときも、友人がいるときもいないときも、独りでいるときも喧騒のなかにいるときも、いつも穏やかでいられます。

もはや経典や師に頼ることもありません。真理がすべてを教えてくれるからです。万物は移りかわり、消滅していくという事実を受けとめることができ、悲しみや恐れといった感情とは無縁です。
そう、ついに心の平和を見つけ、永遠の聖域に到達したのです。
その明るく人生を照らす知恵の光は、けっして消えることはありません。

見よ、
わたしたちのなんと偉大なことか。
みずからを征服し、
慣習と運命を、
はるかに見下ろして立つ。
愛と憎しみの利己的な願望を捨てさることで、
わたしたちはそれをなしえたのだ。

（了）

本書は、本文庫のために訳し下ろされたものです。

「起《お》こること」にはすべて意味《いみ》がある

著者　ジェームズ・アレン
訳者　「引き寄せの法則」研究会（ひきよせのほうそくけんきゅうかい）
発行者　押鐘太陽
発行所　株式会社三笠書房
〒102-0072 東京都千代田区飯田橋3-3-1
電話　03-5226-5734（営業部）03-5226-5731（編集部）
http://www.mikasashobo.co.jp
印刷　誠宏印刷
製本　ナショナル製本

 ISBN978-4-8379-6766-8 C0130

王様文庫

王様文庫

9日間〝プラスのこと〟だけ考えると、人生が変わる

ウエイン・W・ダイアー【著】
山川 紘矢【訳】
山川亜希子【訳】

「心の師（スピリチュアル・マスター）」ダイアー博士の、大ベストセラー！ 必要なのは、たった「9日間」——この本にしたがって、「プラスのこと」を考えていけば、9日後には、「心の大そうじ」が完了し、驚くほど軽やかな人生が待っています。

心屋仁之助のなんか知らんけど人生がうまくいく話

心屋仁之助

あなたも、「がんばる教」から「なんか知らんけど教」に宗旨がえしませんか？ ○「愛されていない劇場」に出るのはやめよう ○どんな言葉も「ひとまず受け取る」 ○お金は「出す」と入ってくる……読むほどに、人生が〝パッカーン〟と開けていく本！

夜眠る前に読むと心が「ほっ」とする50の物語

西沢泰生

「幸せになる人」は、「幸せになる話」を知っている。 ○看護師さんの優しい気づかい ○アガりまくった男を救ったひと言 ○お父さんの「勇気あるノー」 ○人が一番「カッコいい」瞬間……〝大切なこと〟を思い出させてくれる50のストーリー。

K30343